台湾心旅

林靖东 —— 著

九州出版社
JIUZHOUPRESS ｜全国百佳图书出版单位

图书在版编目（CIP）数据

台湾心旅 / 林靖东著. -- 北京 ： 九州出版社，
2024. 8. -- ISBN 978-7-5225-3420-6

Ⅰ. K820.858

中国国家版本馆CIP数据核字第2024VS6569号

台湾心旅

作　　者	林靖东　著	
责任编辑	高美平	
出版发行	九州出版社	
地　　址	北京市西城区阜外大街甲 35 号（100037）	
发行电话	(010)68992190/3/5/6	
网　　址	www. jiuzhoupress.com	
印　　刷	鑫艺佳利（天津）印刷有限公司	
开　　本	880 毫米 ×1230 毫米　32 开	
印　　张	8.375	
字　　数	175 千字	
版　　次	2024 年 11 月第 1 版	
印　　次	2024 年 11 月第 1 次印刷	
书　　号	ISBN 978-7-5225-3420-6	
定　　价	68.00 元	

目　录

宝岛的海海人生

2014年，我第三次到台北驻点。那年流行一句话："台湾最美的风景是人。"起因是一家周刊用这句话做了封面，大陆人民对台湾也充满了向往、好奇之心。

但我的同学老王却不是这样，刚刚开放台湾自由行那几年，他随团去了一次日月潭，回来就疯狂吐槽："日月潭？不就是一个水库吗！你也是去过敦煌月牙泉、九寨沟的人，咱们大陆的山水，哪里不比它强？"

老王大我四岁，大学同窗时吊儿郎当，还是挺能惹事的那种，我想不到这种言论还能从他口里蹦出来。但老王毕业后从商，走的地方比我多，见的世面比我宽泛，认真想起来，日月潭和月牙泉、九寨沟确实不能比，但客观来看，比软环境，人家在民宿、文创，细节处下的功夫，还是扎实许多。

于是我怼他：你一个走马观花的大陆游客，要深度游才能体会到台湾的美。

后来有一天，我去一家单位采访，结束作业后，一位犯了烟瘾的前辈送我下楼。我们一人一支烟，站在人来人往的忠孝东路边，对着空气尬聊"今天天气哈哈哈"。

忘记彼时在聊什么，只记得最后我轻描淡写行礼如仪带出这句话："呵呵呵，台湾最美的风景是人嘛。"他闻言，扭头很认真地看着我，说："错！我不认同这句话，这是对台湾人的刻板印象。哪里都有好人和坏人，台湾也不全是好人。"

这是我第一次听到这种言论。认真想，他的话无懈可击，比老王还精准地降维打击了我。那一刻，我觉得自己好白痴。

后来，我努力用更客观、务实的态度去看我认识的这些台湾人，努力寻找他们身上的时代印记。我仿佛一个考古者，用这些印记去解构我眼中的台湾：她一路走来，经历过屈辱和成长中的繁华，被时代车轮碾压，最终浴火重生，成为一个怎样的微观世界？

所以，我想用我所感受到的一个个活生生的台湾人，拼成我对台湾最原始的印象：台湾不只有阿里山、日月潭，不只有海蛎煎、大肠包小肠，还有马英九、吴伯雄、陈水扁，还有许许多多默默无闻的底层民众，这些人，构成一幅生动的台湾画卷。

2021 年 4 月 8 日

第一章

日据 50 年的印记

《马关条约》之后，台湾被割让，1895—1945年，日本帝国殖民统治台湾，这50年又被称为"日据时代"。

因此，在台湾可以看到很多"日据时代"的印记。大到日本人修建的地铁，日本人建的总督府，也就是现在的蔡英文办公室，被称"总统府"；小到随处可见的日语标识。很多老一辈的台湾人还会讲日语。

而我第一次去台湾驻点，就住在中华路的一家饭店，一处年代久远的老式建筑，步行到西门町只要几分钟。住到半个月的时候，有一天，每天来打扫卫生的阿嬷突然幽幽地问我："你昨天半夜有没有听到小孩在哭？"

我瞬间汗毛倒竖，说："没。怎么了？"脑海里马上浮现的是昨晚电视8点档看到的灵异节目。

阿嬷看到我紧张的样子，笑了："我不是这个意思啦。昨天半夜有一对日本人带着小孩住进来，我怕小孩子吵到你。"阿嬷走后，我打开谷歌，因为突然想起不远处的"总统府"经常有灵异故事传出，所以我很好奇同样地段同样年代的这家酒店，会有怎样的故事。

谷歌说，这里以前是日本人的医院……

那晚开始，我睡觉不关灯了！

台教授陈鹏仁："日据时代"的"皇民"被骂"三脚仔"

有台湾人认为"日据时代"是"最美好的时代"，对日本人的殖民统治感恩戴德。而历史事实到底是怎样的，只有亲历过那个时代的人，才有发言权。

台湾中国文化大学日本语文学系兼任教授陈鹏仁，用自身经历讲述了 1947 年"二二八事件"之前台湾被"皇民化"的历史，还原了 1949 年之前那个特殊的历史阶段，台湾人、日本人与国民政府之间的交错纠结。

从小被教化"是日本人"

陈鹏仁生于 1930 年，日本殖民统治中后期。

彼时，日本已经开始着手摸索一套对外扩张的可行性方案，而台湾，被当作"日化成功"的样板，向外行销。1930 年，日本在东北成立伪满政权，抽调了一些台湾专业技术人员前去支援，这些在台湾被当成"二等公民"的人，到了东北却上升到"地位上比日本人低，可是比大陆人高"这样一个位阶，也由此产生了自己"是日本人"而"非中国人"的错觉。

而在台湾，为了进一步从思想上"日化"台湾人，日本除了推行日姓外，还在小学里安排日本老师，并选派了一些初中生到日本接受"纯日式"教育。陈鹏仁小学毕业时被送到日本读书，直到1945年日本战败后才回台。但幸运的是，他受的家教并没有被扭曲。"我们小时候讲'我们是台湾人'，它的意思是'我不是日本人'。"陈鹏仁说，虽然那时他在学校成绩最好，经常受到日籍老师的表扬，但他从小就知道自己不是日本人。

有一次，陈鹏仁帮日本老师抄写全班的籍贯，看到很多"福建"的字样，于是回家问父亲，"福建"是什么意思。父亲告诉他："孩子，我们就是福建人。"而在学校，日本老师教的却是"我们是日本人"。

可是，日本老师常常有自相矛盾、露出马脚的时候。比如，老师讲课时说"裕仁"就是天皇。陈鹏仁站起来问老师："天皇姓什么？"日本老师大怒，骂道："天皇就是天皇，哪有姓！"

"台湾人都有姓。从那时候起，我就知道自己不是日本人。"

台湾为什么要叫台湾，陈鹏仁有自己的解读："台"的闽南语音同"埋"，埋了就完了，所以台湾的闽南语是"埋完"的意思。闽南在福建，既然连台湾的名字都是从福建来的，又跟日本扯得上什么关系？

"皇民化"的台湾人被瞧不起

当时，日本在台湾推行"皇民化"运动，哪一家人只要改成了日本的姓名，就会在那家人门前挂个牌子，名曰"国语之家"。这个牌子可以给那家人带来很多好处，比如在物资匮乏的时候，会优先配给粮食、米、油和衣服，子女可以去念小学。"那时日本人念的学校就是小学，我们读的是公学。小学的老师好，教的内容也比较多。"

日本人还利用部分台湾人贪小便宜的心理，对台湾人进行两极化管理，"国语之家"除了在各方面受到优待以外，子女还能上大学，"但当时爱占小便宜的人不是很多"。但陈鹏仁还是反省，"台湾人不如朝鲜人敢反抗"，他说，当时日本也在朝鲜推行"皇民化"，有个朝鲜人故意改名为"田农丙下"，念起来与日语"天皇陛下"同音，以此嘲笑日本人。

虽然表面上不敢反抗，但私下里，那些被"皇民化"的台湾人还是会在邻里亲朋面前抬不起头来。"我们骂日本人是狗，狗有四条腿，人有两条腿，而那些'国语之家'就是介于狗与人之间的'三条腿'，我们骂他们'三脚仔'。"

终于等来日本"输输去"

日本战败前夕的内阁总理大臣叫铃木贯太郎，日语发音与闽南语"输输去"相近。

那时，陈鹏仁被迫远渡日本读初中。"我们这些小孩子常说日本人'输输去'最好，这样我们就可以回台湾了。"

日本投降那天，同学们被命令穿上正装，站在操场听广播，虽然广播的效果很不好，一直有严重的干扰，但他听到"天下太平"这四个字时，就想可能是日本投降了。可是老师却称，广播是说"天皇叫我们好好学习，长大以后要效忠天皇"。

但不久，他听到隔壁教室有女同学在哭。"我知道，日本投降了，我很高兴。"1946年7月，他回到基隆，看到满地的国民党军，他亦很伤心，"他们都是戴着斗笠，背着饭锅，看起来很落魄的样子，跟日本军队那种装备补给精良的样子没办法比"，所以，他在心里怀疑，这样的部队，是不是有办法打仗。

但回台湾没多久，就遇到了"二二八事件"。彼时，国民政府刚刚光复台湾，到处一片混乱，百废待兴，民心动荡，族群对立严重。"那时区分你是台湾人还是大陆来的，就看你会不会唱日本国歌。"

他在高雄读书，通货膨胀一度达到疯狂的程度：早上一碗饭15块钱，到了黄昏，那碗饭就涨到80块钱了。除了物资的匮乏，物价的不稳定，还有人身的不安全。

"从日本回来后，我在高雄读初二。"二二八事件"发生时，我想回台南老家，但高年级学生把着火车站不让进，让我们留下来参加。我不想参加，就从高雄左营火车站走了一个半小时，走到下一站去坐火车回家。"陈鹏仁家在台南县的山上乡，在新市下车，陈鹏仁遇到一个叫洪平山的同学，此人在高雄毕业后在政府部门做事。可是那天遇见的时候，洪平山脸上有很多土，慌慌张张地说他正在跑路。后来，陈鹏仁再也没看到洪平山，"估计是被人杀了"。

"这是民族的最大悲剧。"陈鹏仁说，他在很多报纸上写过："二二八事件"没有元凶，它只是一个偶然爆发的事件，即使"二二八"有元凶，那也是后来有心人人为制造。

2014 年 2 月 26 日发表于《海峡导报》

日本怎样从精神上殖民"李登辉们"？

从李登辉的成长史，可以看出台湾受殖民遗毒的影响有多深。

李登辉生于 1923 年，客家人，祖籍福建永定。几年前，他的祖籍地宗亲举办了仪式，把他从族谱里面除了名。所以，理论上他不姓李。他没有祖籍地，子子孙孙都进不了族谱。

李登辉生于 1 月 15 日，摩羯座。他报复心很强，但优点是审慎理智，从容不迫，深思熟虑，从不放任自己。李登辉看中蒋经国后代无心从政的机会，处心积虑，蛰伏在蒋经国身边多年，骗取了他的信任，窃取了"政权"。

从此，李登辉开始飞黄腾达，放手一搏，并让"台独"癌细胞在岛内疯狂扩散。

历史拉回到 1923 年，李登辉降生的这一年，正是日本殖民统治台湾的第 28 年。日本殖民统治中期，日本血洗台湾，镇压台湾义士反抗。1930 年，李登辉 7 岁那年，发生了历史上著名的"雾社事件"，日本大肆镇压台湾少数民族，血洗台中，阿里山血流成河。电影《赛德克·巴莱》，讲述的就是这个时期的故事。

李登辉的父亲当了日本警察局的警察，一家的小日子过得很是不错。他从 6 岁到 12 岁，换了 4 所小学，成绩优秀。在这样的家庭背景下，6 年级，李登辉遇到了他的第一位人生导师——藤本辰男。藤本辰男致力于"使殖民地的子弟能够成为忠于天皇并为日本做出贡献的人才"，因此他看中了成绩优秀、勤奋好学的李登辉，并让他搬进宿舍同吃同睡，贴身辅导。1938 年，被血洗后的大部分台湾人开始对日本采取绥靖态度，而日本随即推行奴化台湾人的"皇民化"运动。那一年，李登辉 15 岁，正是人格形成的少年时期。他成绩依然优异，但平时独来独往，潜心研习"高贵"的日本文化，习剑道，学会了忍、准、狠。

这一年，少年李登辉正式更名为"岩里政男"。

1942 年，卖身为"皇民"的 19 岁的岩里政男，进入台北高等学校（即台湾师范大学前身）。因为该校是优先培养"皇民"的，同班只有四名台湾学生。次年，岩里政男还未毕业，便被保送到日本京都帝国大学，成为日本人的重点培养对象。

从他的成长历史，结合时代背景来看，岩里政男是日本精心进行"皇民化"的一个代表人物，也是台湾被日本殖民时期奴化得非常彻底的一个典型人物，这样的人最后被送上"领导人"的高位，对台湾岛内精神塑造、价值观、话语权的影响，是非常深远的。

这是台湾的悲哀，也是整个中华民族的悲哀！

2020 年 2 月 26 日完稿于厦门

"汉奸文化"可耻，台湾人不应姑息

近年来，台湾某些人"卖台"动作频频，比如，送了美国人数十亿美元的"凯子军购"，把"台湾铁路之父"之类的名号送给了日本人，黄创夏、刘宝杰、黄世聪、李正皓之流的所谓"名嘴"，更是一张嘴就黑大陆，说到美国、日本，马上又换了一副奴颜婢膝的市侩嘴脸。

这些人亲美、亲日，就是不亲自己的祖国。究竟是什么造成了这种现象？

被殖民的悲苦，催生了"我是谁"的身份疑惑

追溯历史，台湾一直是个悲情的角色。而汉奸文化，正是利用了台湾人的悲情而大行其道。

台湾，闽南语念作"逮玩"。闽南语"逮"的意思是"埋"，"玩"的音可以是"完"或"冤"。不管是理解成"埋完"，还是"埋冤"，都指向一个意思——"埋葬冤魂"，也因此，在台湾有"此地古时是流放之地，专门埋葬冤魂"的说法。

历史上，台湾先后被荷兰、西班牙、日本殖民过。那一方形如番薯的小岛上，发生过无数抗击殖民者的战争，血流成河。

1945 年日本战败，台湾回归祖国。但 1949 年蒋介石退踞台湾，台湾又与大陆隔绝。

台湾作家吴浊流写过一部日文小说《亚细亚的孤儿》。小说讲述了台湾日据时期一段辛酸的历史，写出主人公胡太明在"祖国"来临之后，思想上和精神上的变化。他离开故乡，到过日本，到过大陆，寻求认同，最后在太平洋战争中发了疯。

吴浊流在自序中写道：

战争到了 1943 年，对日本而言已到了国家存亡之秋。因此日本政府施行极端的战争政策，所以自然而然地日本人就分为顺应时局者和非顺应者两种，前者讴歌战争，后者经常被嘲笑为"非国民"（背叛国家者）。同时，台湾人也一样，被区别为皇民与非皇民。

在这种矛盾中，人与人之间便起了不平、不满、猜疑、嫉妒，而在其缝隙谣言层出不穷。在那期间马尼拉被夺回，然后，美军究竟会到哪里呢？香港、台湾、琉球吗？不得而知。总有一处会成为被瞄准的目标，万一，台湾被登陆呢？日本军部会用何种方法动用台湾的知识分子呢？这个问题，知识分子心里都害怕那些散布的谣言，战战兢兢的，无所适从。

有思考能力的知识分子尚且如此，一般的平民百姓更是风声鹤唳，惶惶不可终日。

好不容易等到日本战败，台湾却已经被掠夺得满目疮痍。

日本本来就资源匮乏，又在进行侵略战争，需索无度。于是殖民台湾期间，台湾的蔗糖、盐、煤炭、金属等，被加工后通通运输到日本；台湾的蓬莱米口感极好，大受日本人欢迎，于是蓬莱米便源源不断地被运往日本；75% 的台湾林地与土地变成日本的私人土地，农民失去了生存之本；甚至连阿里山的百年"神木"，都被日本人砍伐后，从海上运输回去。

1945 年，战败的日本人要回国，在二战美军轰炸的基础上，丧心病狂地对台湾的基础设施大肆进行了一轮破坏。

吴浊流在《亚细亚的孤儿》中，对百年来台湾的历史中最突出最重要的问题——日本帝国主义之凌辱抢掠——做了掷地有声的记录和见证。

这个时期的台湾，对祖国充满了向往，渴望回归，渴望翻身做主人。

两岸隔绝，造成了台湾人与大陆的心理疏离

日本战败之后，国民政府接收台湾。彼时，是两岸在历史长河中最亲密的一段时期，但也是岛内民众心理最复杂的一段时期。

光复伊始，台湾乡民热烈欢迎代表祖国的国民党接收大员，他们举着彩旗、标语，手拿鲜花来到基隆码头，欢迎到来的国民党官兵。然而，当时正在内战，来到台湾的国民党官兵并非鲜衣怒马，甚至有些衣衫褴褛，有些甚至还是伤员。

那时，台湾人就觉得大陆人特别"土"，而且不会讲"台湾话"（其实也就是闽南语），因此略带揶揄地叫他们"外省人"，

所生的子女叫"外省二代"。这种歧视，是一种本地式的护食心理。

两年之后，发生"二二八事件"，但此时国民政府风声鹤唳，无暇顾及，采用了简单粗暴的方式派兵镇压，并自此开始"白色恐怖"的统治，导致所谓的"省籍矛盾"扩大，岛内族群开始撕裂。

1949 年，蒋介石退踞台湾，台湾再次与祖国大陆隔绝，孤悬海外。

1971 年，蒋介石的代表被联合国驱逐。

从战争中刚刚安定下来的台湾人，面对国民政府的"白色恐怖"，以及此后的一次次"被抛弃"，心中留下了难以磨灭的伤痕。

这段历史，在 1983 年被罗大佑写进歌曲《亚细亚的孤儿》中。

在这个时期，美日同样没有停止过对台湾的掠夺和凌辱。最突出的表现在钓鱼岛问题上，台湾的渔民甚至需要悬挂五星红旗才能不被日本船驱逐。

二战之后，美国把钓鱼岛的管辖权交给日本，激起了海内外华人的义愤。当时在美留学的台湾人自发组成保钓组织，与美国政府对抗，历经五波保钓热潮，深刻了解台湾历史和国际关系的他们，成为祖国统一的坚定拥护者。

2012 年 10 月 2 日，台湾东吴大学物理学系教授刘源俊在接受笔者采访时做了一个梳理：

1970 年，台湾留美学生胡卜凯、林孝信、刘源俊等人，为抗议"美国欲将钓鱼岛交给日本"而发起保钓运动,其后运动迅速扩展到台湾、香港等地。这一波运动使美国在 1972 年 5 月 15 日只将钓鱼岛的行政权交给日本,对主权问题采取中立立场。日本原先要在钓鱼岛上建立无人看管气象台的想法被迫放弃。

1996 年,日本片面宣布领海范围,将钓鱼岛"收入囊中",并开始驱逐进入钓鱼岛海域的台湾渔民。日本右翼青年在钓鱼岛列屿北小岛建灯塔。这些举动激起全球华人的新一轮怒潮,海峡两岸暨香港,以及北美华人发起了民间保钓行动:1996 年 9 月 22 日台北大游行;同年 10 月 7 日,金介寿等人成功登上钓鱼岛宣示主权。此次运动促成台当局与日本就渔权进行磋商。

2002 年 9 月,李登辉接受《冲绳时报》专访时竟称"钓鱼岛是日本领土"。此一卖国言论引起公愤,林孝信在台湾发起联署声明,串联全球华人筹组"全球保卫钓鱼岛联盟"。两岸及香港人士又有数次保钓联合行动,大陆保钓人士于 2004 年 3 月 24 日成功登岛。

2008 年 6 月,日本在钓鱼岛海域撞沉台湾渔船,群情激愤。黄锡麟等 12 名保钓人士,在数十位媒体人和"海巡署"5 艘巡逻艇护航下,乘"全家福"号出海。他们突破日本防线,成功挺进钓鱼岛 0.4 海里处,并绕岛一周宣示主权。在各方压力下,日本正式道歉、赔偿。

2012 年,日本欲将钓鱼岛"国有化"的动作,再次刺痛了台湾人的心,台湾百艘渔船赴钓鱼岛,与日本军舰对峙。

其实,就在这些保钓青年学习国际法,研究钓鱼岛的历史资料，学习中国近现代史，了解美国、日本和台湾地区的关系，站在历史的角度，全面去解析台湾问题的时候，他们已经深刻意识到，国家统一，民族强盛，中华民族才有国际地位，中华儿女才不会被外族凌辱。

"甜蜜回忆"被殖民实属无耻

但岛内正有一批"皇民"后代，借着台湾长期以来被殖民、孤立产生的信息不对称和悲情，大肆推行"汉奸文化"。笔者在对台湾一些专家学者的采访中，收录了以下观点。

台湾"戒严"时期政治事件处理协会理事长蔡裕荣分析，"白色恐怖"后国民党当局的腐败，美国势力的介入，日本经济腾飞后对台湾的"支援"，让整个台湾社会听不到理性的声音，加上有心政治人物不断挑动族群分裂，而光复后岛内"汉奸文化"没完全肃清，让"皇民"思想逐渐抬头。[①]

台湾政治大学国际关系研究中心研究员吴东野，用了"触目惊心"这四个字来形容台湾课纲。"全世界被殖民、被占领的国家和地区，没有一个像台湾这么谄媚，这么站在侵略者的角度看历史，而且还要拿这些东西去教育下一代，让他们的历史观、世界观被扭曲。"比如，把日本侵略行为称为"圣战"，把台湾人被日本人杀害称作是"伏法"，"这简直是可耻"。[②]

---

① 《岛内统派团体纪念"二二八事件"：还原历史，台湾才能走出阴影》，《海峡导报》，2014年3月1日。
② 《台学者、退休教师批支持高中历史课纲微调》，《海峡导报》，2014年2月20日。

　　台湾建国中学退休历史教师王琪说，很难相信，台湾课纲竟采用"明治二十八年""昭和五年"这些日式纪年方式来记录台湾历史，这是部分台湾人用日本侵略者的视角来看待自己的最直接佐证。①

　　吴东野说："台湾人颂扬日本在台湾的建设，却没有看到，韩国在清算韩奸，拆除日本人的建筑；越南人，从没有去颂扬日本人对他们的'开化'；德国，让他们的中小学生读二战时的侵略历史，自我反省；日本也有些人在反省，但对台湾人没有歉意。"他说，就是因为台湾人表现得太驯良了，让日本人产生"是你要求我来统治你"的错觉。②

　　台湾某些人的媚日情结，也不是这一两天。笔者十多年前驻点时，就常听到"台湾的基础工程，像铁路、地铁，都是日本人建造的，我们要感谢日本"，将日本人八田与一尊称为"台湾水利之父"之类的言论。然而他们全然忘了，建基础工程，流的是台湾劳工的血汗；日本殖民，杀了多少台湾人，从台湾拿走多少糖、米、百年神木；台湾人沦为二等公民，吃的是冷炙，喝的是残羹，又有多少台湾女子被迫当了慰安妇；日本战败，临走时又是怎么轰炸台湾，留下一地断壁残垣……

　　客观来看，殖民就是殖民，历史事实不容抹杀。李登辉之流大肆向全世界宣告"怀念日据时代"，非常无耻。

---

　　① 《岛内统派团体纪念"二二八事件"：还原历史，台湾才能走出阴影》，《海峡导报》，2014年3月1日。
　　② 同注①。

在这里，我们悲悯台湾作为"亚细亚孤儿"的境况，但对于认贼作父的"汉奸文化"，我们决不姑息。

2020 年 7 月 17 日完稿于厦门

日据后期台湾民众出现记忆断层

　　"日据时代"，是一个怎样的时代呢？混乱、恐怖、迷茫、仇恨，如同灯下灰暗的阴影，也许有些许光亮，却总也晦暗不明。生活在这个时代的人是不幸的。他们甚至不知自己从何而来，向哪里去，偏安一隅，纸醉金迷，不知今夕是何夕。台湾"中华文化总会会长"杨渡是这样解读这种情绪的："台湾历史现在被政治扭曲得太严重了，一大半被掩盖掉。我觉得应该以客观的视角去真正梳理历史，并把它呈现出来，让人们真正了解自己。"

电影讲述"日据时代"是"最美好的时代"

　　曾执导过《赛德克·巴莱》《海角七号》的台湾名导魏德圣，在 2014 年推出新片 KANO。虽然这部影片的商业炒作十分成功，票房表现亮眼，但该片仍受到一些民众抵制。

　　淡江大学经济系副教授林金源在台大演讲时公开表示，这部影片刻画的所谓"日据美好年代"是一个假象，他提醒大家，不要忘记日本在台湾殖民初期的残暴统治，否则，"日本人欺负台湾人就没有心理负担，因为台湾人已经自动原谅他了"。

　　这个故事，和《赛德克·巴莱》中日本殖民统治者大规模杀害台湾少数民族的"雾社事件",仅相隔一年。

据魏德圣自己介绍,他之所以会拍 KANO,是因为他在查《赛德克·巴莱》的资料时,在嘉农校友会刊意外发现了这个故事。他称,"一年以后,嘉农棒球队的热血故事,却展现这时代截然不同的面貌"。而这个所谓的"热血故事"讲的是:1929 年,台湾出现了一支由日本人、台湾汉人和台湾少数民族组成的嘉农棒球队。在日籍教练的铁血训练下,这支球队赢得全岛冠军,并代表台湾征战日本,取得大胜。影片被评为"励志片",许多观众表示,在现场近三小时的观影中,"痛哭很多次"。

林金源批评,"书商、片商逐利的代价,是台湾'主体意识'的腐蚀"。实际上,嘉农棒球队的组成,就是当时台湾社会族群的缩影:代表殖民统治者的日本人,代表外省移民的台湾汉人,以及代表台湾本地的台湾少数民族。因此,有影评认为,这是暗喻当时台湾社会的"族群大融合",找回了台湾人的"美好年代"。

再看 KANO 片名的由来,是"嘉农"的日语发音"kanou",片中也有多处日语对白,而"铁血教练"的做法,也符合日本民族性中强悍、冷酷的一面。所以,结合时代背景,这部影片其实可以看成是殖民者改造属地民众懒惰、散漫的劣根性,带领他们勇往直前、奋斗不息,从而开创了一个"美好的年代"。

"族群融合、放下仇恨固然是美事,但前提是犯错者须真心道歉,诚恳相待。二战结束至今,日本从未向两岸中国人道歉、赔偿,甚至还强占钓鱼岛,说台湾慰安妇是自愿。台湾不但不以为意,还成为全球对日最友善的地区。"林金源说,不是一点眼泪就可以和解的，必须是侵略者道歉。

对日本战败前对台湾的蹂躏，民众记忆有断层

台湾世新大学国际关系教授戚嘉林认为，台湾经过民进党 30 多年来的教化，草根民众记忆上有些断层。

美军在日本投降前，对台湾进行了 200 天的轰炸，台湾 46000 多所房屋被炸毁，27 万人无家可归，台湾一片断壁残垣，生产力也急剧下降，商业中断，航道被阻，台湾对日本的贸易完全中止。"当时物资奇缺，粮食大幅减产，日本就严格配给粮食，一切副食品在市场上已经绝迹"，可是日军退守前，马上解除粮食管制，并加大银行货币发行量，导致物价飞涨，民不聊生。

在 KANO 里，还有两个地理元素——嘉南大圳和嘉义农专。

嘉南大圳这个当时亚洲第一、同时也是日本第一大的大型水利工程的完工，将原本属于沙漠型气候的嘉南平原变成了台湾的米仓。而这项工程，是由日本人八田与一督建的，这也成为日本殖民统治被歌颂的一个重要原因。

然而，林金源还原了当时的史实：嘉南大圳虽然大大提升了台湾稻米的产量，但这些米台湾人吃不到。"好的台湾米大量销往日本，支持日本的工业化，坏的米才留下来给台湾人吃。米不够，他们买菲律宾的陈米给台湾人吃，有些辛勤劳作的台湾农民，只能吃番薯果腹。"台米外销所赚取的利润，也被日本财团和少数台湾地主瓜分了。"而开设嘉义农专，除了提升农产，增进殖民母国利益之外，另一目的是改良台湾米品种，育出日本人喜欢

的蓬莱米。日本在台的所有建设，皆有自利动机，台湾只不过是顺便沾带一点好处。"

因此，"稍具尊严的台湾人，都不会以日本人的角度，看待嘉义农专和嘉农棒球队"。

列强侵略打断台湾现代化步调

1930 年代前后，确实是台湾经济繁荣的一个高峰。于是很多台湾人把此后一阶段内的台湾经济没落，归结于台湾被收复。

林金源说，实际上，日本从 1937 年就开始管制台湾的经济，严格防止通货膨胀。在 1945 年台湾光复前，日本就松手，任由通货膨胀，还向在台湾的日本人发放大量纸钞，导致台湾社会贫富分化加剧，社会矛盾尖锐。"而国民政府接收后，民众一切以 1936 年的荣景为标准，一切低于当时生活水准的部分，都视为国民政府有意的剥削。可这是战争导致的经济下滑，归于国民党是不公平的。"

林金源说："中国由盛转衰，固应自省，但列强的罪孽更大。在未割台之前，台湾曾是中国最进步省份，也走过'最漂亮的年代'。是列强的侵略，打断了中国人在台湾的现代化步调，瓦解了台湾人的民族意识。"

国民党军登台，意识形态裂变分化

蔡裕荣是"日据时代"的台湾本地人士，他说，从小受到父亲的教育，"查波仔不要黑白拷"（闽南语：男人不要随便哭）。

但蔡父却回忆，此生他哭过两次：一次是小时候被日本人欺负；还有一次是台湾光复后，为了迎接登陆的国民党军，他激动不已，从老家台中一直走到基隆港，走一路，哭一路。蔡裕荣小时候看到过的印象最深刻的大游行，就是台北每年的 12 月 25 日，为庆祝"日本投降，台湾光复"，几万人走上街头，有阵头表演，有各种花花绿绿的民俗活动，让人印象深刻。那个时候的台湾人，有着质朴的爱国情感。

可是，这种质朴的民族认同，在 1947 年发生"二二八事件"及之后的白色恐怖后，就发生了改变。

曾经，在台湾"戒严"时期政治事件处理协会里，有一个"台独"分子。此人是"白色恐怖"受害者家属，他的父亲因为参加台湾共产党，被国民党杀害了。这人跑去投民进党的票，蔡裕荣很奇怪："你父亲是支持祖国统一的，你为什么要支持民进党？"

此人说："我不是支持民进党，我的父亲是被国民党杀害了，所以我要支持跟他对立的民进党。"

蔡裕荣说："可是你投民进党的票，就等于违背了你父亲的信念。你要继承父志，还是要为父报仇？你难道认为父仇大于祖国分裂？"

民族积弱，让"皇民"思想抬头

"台独"氛围的成因何在？

蔡裕荣认为，"白色恐怖"后国民党当局的腐败，美国势力的介入，日本经济腾飞后对台湾的"支援"，让整个台湾社会听不到理性的声音。那些在"日据时代"给日本人干活的，曾经被讥讽为"三脚仔"。而他有个表弟还打过同班"三脚仔"的子女。但被打的"三脚仔"的子女长大后，通过与日本的关系，做进口贸易赚了很多钱，"表弟"也跑去帮"三脚仔"做事，通过这条人脉进口绸布，也发家致富了。

经济上的需求，加上有心政治人物不断挑动族群分裂，使得台湾社会中一些人渐渐遗忘了民族认同，甚至从爱国转向仇视祖国。

"当时的主流意识断了根，导致后来皇民化运动的复苏。"蔡裕荣说，光复后"汉奸文化"没有肃清，给了某些人可乘之机，让"皇民"思想逐渐抬头。

2020 年 8 月 20 日完稿于厦门

第二章

"外省人"和"二二八"撕裂

在台湾，所谓"外省人"其实不包括历代移民到台湾的人，只包含 1945 年以后随国民党大撤退，移民到台湾的人。这部分人没受过日本殖民统治，带着最淳朴的大陆记忆，也是追求统一，想"回家"的中坚力量。

当年，随着蒋介石退守台湾的这些人，有被派去接收的大员，有携家眷的达官贵人，还有老兵。到了台湾之后，这些人住在眷村内，被自称"番薯仔"的台湾本地人称作"芋头"，老兵被叫"老芋仔"。"外省人"的孩子被叫"外省二代"。但是这些"外省人"大部分都受过良好教育，他们的孩子虽然从小家境不好，但后来很多人也都成为社会名流，比如马英九、李安、王伟忠、蔡康永等。也有相当一部分"外省二代"却成了"台独"的中坚力量，比如王定宇。有分析认为，这部分人继承了老一辈的"反共"思想，同时为了洗清自己"外省二代"的"原罪"，尤其激进，逐渐演化成"台独"中坚力量。

忧伤的台湾老"荣民"

台湾老"荣民",是台湾社会一个孤苦的群体。

1949 年以前,他们大多还是十几二十岁的少年,贫苦人家的孩子,或者是出门卖菜,或者是串巷走亲,一个不小心,撞上了正在抓壮丁的国民党,从此走上了一条人生的不归路。

打仗,对于懵懂的少年来说,就是一场血淋淋的杀戮。他们中间,不知道有多少人埋骨荒野。侥幸活下来,没办法逃走的,又在惶恐中被国民党带到了台湾。

这场尴尬的大迁徙,用国民党的话说,叫"退守"。这个词,包含着多少不甘和落寞,还有努力维系的自尊。

海峡这边,是物资匮乏、举目无亲的陌生之地。海峡那边,是生死两茫茫的家人,和日思夜想的故乡。从战争的屠刀下逃出来的少年,经历了撕裂的中年。

为了安抚他们,蒋介石印发了"战士授田证",许诺一旦"反攻大陆"成功,就把那些土地划给他们,让他们安享晚年。怀抱着这样的梦想,他们又随着蒋介石,开始了建设台湾的艰辛历程。

二战即将结束时,美军曾发动对日本殖民地台湾的轰炸。现在，他们面对的是台湾的断壁残垣。

台湾地形十分特殊，一条狭长的中央山脉贯通南北，为了连接东西，蒋介石修建了中横公路。

此公路行经各种地带，从海平面直到海拔 3000 多米的合欢山区，中间有隧道、河谷的开凿，也经过地形诡异的太鲁阁公园。此工程动用了 1 万多名"荣民"，历时 3 年 9 个月 18 天，花费 4.3 亿新台币。

由于台湾多台风、地震，施工过程中事故不断，据统计，平均每公里牺牲 1 人以上。

一边是回归故乡的美好梦想，一边是合欢山的艰难开凿，有多少"荣民"，眼含热泪，无声地倒在异乡的土地上。

2015 年我去台湾，经过太鲁阁的长春祠时，导游讲了一个悲凄的故事。长春祠修建在太鲁阁半山腰的位置，祠里供奉的是修路时发生事故枉死的老"荣民"。导游说，几年前他带了一队夕阳红的大陆客进山，回程时，陆客进长春祠参拜，临上车却发现团里一位老人迟迟未归队。担心这位老人走失，导游发动了司机、游客到处寻找，找了很久，才在长春祠下面的一个小山坳里找到这位几乎哭晕过去的老人。老人捶胸顿足，说在长春祠发现了亲哥哥的牌位，他的哥哥就是 1949 年被国民党抓了壮丁带到台湾的。一甲子时间，音讯茫茫，家人发动各种力量寻找，却未承想，在这景区路遇亲哥的灵位……

1987 年，台湾"解严"，开放老兵回大陆探亲。去时的懵懂少年，回来时已是白发苍苍。

但在海峡这边，他们的妻子，大多已改嫁他人，儿女已长大成人，他们日思夜想的故乡已经变得认不出模样，扎根他们心里的那个家，早就土崩瓦解。

抹一把老泪，他们又回到台湾，住回孤独而破败的眷村。

2014年，我在台湾一家专卖国民党文创纪念品的商店采访时，遇到一位老"荣民"。据店员说，这位老"荣民"孤身一人，每月仅靠当局发的一点补助生活，无儿无女，十分凄苦。每天，他都准时到店里报到，有时买点纪念品，更多时候啥也不买，就是在店里待着，骂国民党，骂台湾当局，骂不幸的人生际遇。

他看上去有80多岁了，穿一身旧衣，神情呆滞，嘴里不断絮絮叨叨。店员说："别理他，大家都听不懂他在说什么，他骂一会儿就走了。"然后大声对他嚷道："对啦对啦，国民党就是'安捏'（闽南语，这样的意思），你要怎样呢？"

还有一次，接近新年，我在台北101楼下的广场，看到一位身着军装的老"荣民"，全身挂满勋章，挥舞着五星红旗，边上一个小功放，大声播放着《歌唱祖国》。路过的大陆游客抢着跟他合影留念。而他，满脸兴奋，自豪地挺起老迈的胸膛，来者不拒。

又过了几天，在保钓的游行队伍中，我又见到这位老伯。他拿着一个代表日本军国主义的假人，身背喇叭，一路高呼"还我钓鱼台"，不时还佝偻着腰身，卖力地跳到假人身上踩踏，戏剧效果十分明显。

我凑上去跟拍，拍毕刚直起腰，边上就有一个台湾人鄙夷地跟我说："别理他，台湾统派的形象就是被这些人败坏的。"

我仔细看，一个七八十岁的孤身奋战的老人，声音非常嘶哑，外形有些邋遢。这个声音，这个外形，就是他们的悲剧人生，他们的凄苦际遇的生动写照。

2016 年 6 月 17 日完稿于厦门

陈肇家："我父母曾住进集中营"

陈肇家，曾服务于台湾海军舰艇、美国顾问团及台当局"驻美代表处"。1947年，"二二八事件"发生时，他还是一个8岁的孩子。因为是外省人，他在台中的老家被数十个趁火打劫的暴徒冲击，伯父、母亲、父亲都不同程度受伤，并被关进由暴民看管的"集中营"，差点被处死。但事后，他的父母却选择以德报怨，换来了别人的敬重。

8岁孩子在台北突陷乱局

1945年台湾光复，1946年陈肇家一家从江西迁到台湾，1947年即发生"二二八事件"。

陈家的瑞昌纺织厂，开设在台中县田中镇中路里38号，"日据时代"日本烟厂的旧厂房。因为当时田中镇小学还都是日语教学，父母只好把陈肇家送到台北读书，由两个从江西跟来的学徒照顾。

1947年2月27日，台北圆环发生警察查扣小烟贩误伤民众而引发的起义；2月28日，台北全市罢工、罢学，抗议国民党当局暴政，不满情绪蔓延全台。由于当时被派到台湾接收的是外省官员，一些民众将怨恨发泄到外省人身上，不少暴徒趁火打劫，致使外省平民受到冲击。

28日当天一早，8岁的陈肇家依旧早早赶到西门小学去上课。可是到校一看，到处一片混乱，外面还传来枪响，同学们告诉他："不用上学了，快去拿棒子，我们要上街抗议。"

抗议谁？不知道。8岁的孩子还不懂死亡。

陈肇家不知道自己该怎么办，就去找老师。"我记得很清楚，老师非常为难，他双手抱着头想了很久，用闽南话跟我说，'你赶快回去，赶快回去'。""那个场景我至今印象深刻。"陈肇家说。

不敢出门买米，挨饿度日

陈肇家独自走出学校，沿着西门街蹒跚前行。一路上空无一人。

他走回到门市部，两位江西大哥一看到他，就紧张地大喊："你跑哪里去了？"大哥告诉他，延平北路一带已经发生暴乱，有人看到外省人就杀。关门歇业后，三个人用家里剩余的米和酱菜当三餐。三四天后，米吃完了，他们也不敢出门去买，忍饥挨饿地待在楼上，紧张地观察周围的动静。就这样过了一周多，直到有一天晚上，突然枪声大作，持续了整晚。后来才知道，是国民党军队进驻台北，开始大规模镇压。

第二天早上，陈肇家下楼求救，立刻被几个士兵拿枪指着。他大叫："我是外省人，不要开枪！"士兵们把他带到一个军官那里，军官很和善，问他："孩子，你怎么一个人到处乱跑？"他说："我没东西吃了，肚子很饿，出来找东西吃。我是外省人。"军官想了想对他说："我们刚从大陆到这里来平乱。现在这里很乱，我们分不出好人和坏人，也分不出外省人和本省人。你先回去，你要的食品我派人送来。"

因为这个军官的保护，他侥幸躲过了这一难。

台中家人遭暴徒趁火打劫

陈肇家在台中的家人，则陷入更严重的危险。

早在事发前，邻居吴半樵就用毛笔写下字条："台北最近有人南下，暗中与坏人在一起，最近你们家已经被监视，小心！"

有一天早上，家中突然冲进几个暴徒，拿着长刀、长棍，吼叫着见人就打。陈母和伯父当即被打昏。陈父退回二楼，抄起一把德国手枪，与暴徒对峙。所幸田中镇长谢树生挺身而出，将陈家人接走保护起来。但几天后，获得一批枪支的暴徒，气焰又嚣张起来，到处扬言要火烧谢家祖祠，逼着谢镇长把陈家人送回工厂。"一回去，厂子里的100多台纺织机通通被搬走，厂房里空荡荡的，一无所有，我们欲哭无泪。"

不仅如此，暴徒还把陈家人与附近乡居住的十多个外省人，全部集中关押在陈家工厂内，并将此处命名为"田中镇外省人管护所"，外面有暴徒持枪轮班看守。"当时的情形，与德国处理犹太人的'集中营'方式相同，非常恐怖。"关了几天，暴徒又把这些外省人拉到当地小学礼堂开"斗争大会"。

由于暴徒们讲的是闽南话，陈父听不懂，事后有人偷偷告诉他："他们决定明天要杀你全家，你们赶快逃吧。"但是，陈家人逃无可逃，只能等死！

万幸的是，就在第二天，国民党部队登陆，开始大规模的清乡行动，那些暴徒闻讯作鸟兽散。

以德报怨，换来当地人敬重

当时被派来的二十一师副师长，与陈父是旧交，他当即指示田中镇的李连长，务必严惩凶手。四天后，李连长说已经抓到四五十人，请陈家人指认。陈父陈母一看，确实是那些人，但他们选择了"宁愿不追究，后果自负"。因为陈家的坚持，那些人没过多久就被放了。大约一周后，警官又绑了一百多人，请陈家人去指认。面对着那一百多双惊恐不安的眼睛，陈母仍然坚持"不必报复，请放了他们"，并签字表明"自愿放弃追究"。

"这件事情发生后，我们家在田中的状况大不相同。"陈肇家说，去买东西，摊主会说，你先回去，等一下我叫我家孩子给你送过去；去看病，医生不收钱，"以后再算"，但从来都没有"以后"；就连陈肇家去台北上学，路上乘车被人挤，田中的大孩子也会冲出来把那些人挤回去。"我父亲叫伯发，人家就叫伯发仙，镇里只要有红白事，都会请我父亲去坐首席。"

田中镇的乡亲，用他们质朴的人情味，回报了陈家人的善良。这让陈肇家很感慨："我们是外省人，被他们看成长辈，我们和他们有什么仇恨？有什么纠纷？有什么过不去的事？"

2014 年 3 月 3 日发表于《海峡导报》

余玲雅：“余登发的孙女没有童年”

出身于一个显赫的政治世家，是幸运，还是悲哀？她所经历、所承受的一切，都是因为她姓余，这是挣脱不了的宿命。她就是高雄县政治世家“余家班”创始人余登发的孙女余玲雅。

高雄无人不识“余家班”，甚至连2017年台湾上映的《血观音》，都被人拿来做文章，说里面棠夫人的名字“棠奈月影”，影射的是台湾前“总统府资政”余陈月瑛。而余陈月瑛，就是余玲雅的母亲。

余玲雅生于1950年，31岁从政，任第七、八、九届台湾省议会议员，在这个位置上干了11年。1992年，她参选民进党不分区“立委”，当了两任，此后还任台湾省政府委员、“行政院研考会副主委”等职。2002年，她被任命为台湾省咨议会第二届咨议长，2004年及2007年续任第三、第四届咨议长……

这一路走来，余玲雅始终默默承受着心灵成长的煎熬，政治的阴晴不定，写就了一路风霜。

一个显赫家族：“余家班”称雄高雄

11月初的高雄傍晚，下着小雨，天气有些阴冷，有些潮湿。

余玲雅穿着一套西瓜红的洋装出现了，庄重优雅中带些俏皮，画着淡淡的妆容，看不出她的年龄，只觉肤质很好，面容清秀。她一脸沉重地说起她的祖父余登发，和"余家班"。

在高雄县，说起余登发，无人不识，无人不晓。他与女婿黄友仁、儿媳妇余陈月瑛、长孙余政宪合计担任过6次高雄县县长；余陈月瑛、余政宪及女儿黄余秀鸾、孙子余政道、孙女余玲雅、孙媳郑贵莲合计担任过11次"立委"；余陈月瑛、余政道、余玲雅合计担任过8次省议员；余政宪更出任过"内政部长"。在高雄县，受过余登发栽培的地方政治人物不在少数。

"余家班"不但是高雄县重要的地方派系，也是民进党内重要的地方派系。

但早在1979年，余登发与儿子余瑞言，因主张台湾与祖国大陆及早实现和平统一，被国民党当局以"涉嫌参与匪谍吴泰安叛乱案""知匪不报罪"拘捕。1988年，他还出任"中国统一联盟"名誉主席。

余登发一手创造了台湾有史以来第一个政治家庭，开创了台湾反对运动的桥头堡，被研究台湾政治史的专家、学者视为台湾政治的奇迹。

一段辛酸历史：政治家庭的孩子没有童年

照理说，在这样显赫的家庭成长，余玲雅应该是要风得风要雨得雨，让很多人羡慕。但回忆起童年往事，余玲雅说："我似乎没有童年，因此谈不上童年是否快乐。"

小时候，家里一直从政，她只好离乡背井出去读书。但那时家里的事情，还是会被班上同学议论。小学四年级的时候，祖父当上了县长，后来又被停职，于是别人说："你祖父是坏人！"这样的侮辱性言语，对一个心智未开的小孩子来说，是毁灭性的打击。她坚信祖父不是坏人，但无从辩解，一个孩子的心智和词汇，对政治来说是太单薄了。但也正是这些打击，让这个家中的长女早熟了，凡事先做好最坏的打算，方方面面思考，以应对各种情况。

富有政治经验的母亲余陈月瑛常教导她："你的祖父是余登发，他一生特立独行，旗帜鲜明，他的从政理念是有理走天下，强调人民第一，服务至上。"作为政治人物，他是属于历史的，也是属于大家的。

1989年，余登发惨死家中卧室，案子至今悬而未决。这是余玲雅心中最深的伤痛，说起这些，她激动得手都有些发抖，眼里闪着泪光。

一个坚强女性：要工作也要家庭

从政之前，余玲雅的先生是医生，她曾经在丈夫的诊所帮忙，给病人打针、包药、做心电图。早期，她还自己带小孩，后来实在忙得不行，孩子只好交给家里人帮忙带。

1981年，母亲参选高雄县县长，她参选台湾省议员，两人搭在一起，同台演讲。只要有人骂妈妈，她就会勇敢地跳上去帮忙。以前的台湾选举，常常会对骂。没有选举经验的她，不知道怎么去反驳，去回应，只好连演讲稿都背下来。一旦知道要演讲，她会紧张得一个礼拜吃不下饭，所以，那个时候的余玲雅瘦得皮包骨头。

选上议员后，她更苦了。家里有三个孩子，分别是 8 岁、6 岁和 2 岁。在外面，她是议员，要服务民众；在家里，她是三个孩子的妈妈；劳累了一天，晚上回到家，她还要做一个好媳妇。虽然家里有钱，但公婆认为媳妇就应该做分内的家务，所以，她回到家还要继续忙碌。

那时，每天早上 4 点，余玲雅就要起床，把孩子的早餐弄好，把演讲稿准备好，再走路到火车站，搭火车到台中的台湾省议会开会。晚上下班，她又得倒带一样把这个过程倒一遍……这样的生活，她过了 17 年。换一般人，早累趴下了。可是身为长女的余玲雅很坚强。她说："在我的人生里，没有'我学不来，我不会做'这样的字眼。只要需要，就必须做到。"

回忆起这些，余玲雅沉浸在情绪里，她吐露了肺腑之言："如果有的选择，我宁愿当一个学者，而不是从政。"

一个全新机会：创办学校再次出发

现在的余玲雅，有三个身份：台湾省议会咨议员、高苑科技大学创办人、孩子们的阿嬷。

1986 年，母亲余陈月瑛和余玲雅，联合台湾南部热心教育人士创建了高苑科技大学。经过 20 多年的不断努力，高苑科技大学成为全台第一座坐落于高雄科学园区的 e 世纪学府，建立了数字信息、光机电整合、绿色技术及人文教育特色学科。

由于职务上的关系，余玲雅对台湾的民主政治发展史产生了浓厚的兴趣。2009年，她考上台湾中山大学博士班，希望能对台湾的政治、经济、文化、历史发展系统有更进一步的了解和研究。已经当了阿嬷的她，对人性有了更深的思考。

余玲雅说，最近台湾省议会在做一些品德教育的推动，希望将整个台湾社会的道德建设再向前推进一步。她认为，"这才是真正有益的事情"。对于她来说，从政是过程，而不是结果。这就是高雄县的坚强女儿。高雄人坚强、重义气、讲人情，都在她身上得到最好的诠释。她说，母亲经常教育她："乡里乡亲，阿公阿嬷，大家都知根知底，大家要互相照顾。没有什么事是别人不知道的，若要人不知，除非己莫为。"

2009年10月30日以《高雄县余玲雅：风雨政治"铿锵玫瑰"》为题发表于《海峡导报》

【后记】

那天，陪着我去采访的是张泓光。泓光的叔叔是曾任台湾"行政院长"的张俊宏，曾经跟施明德、陈水扁竞选过民进党主席，婶婶许荣淑是民进党创党元老，党内人尊称她为"阿嬷"。张家是民进党政治世家，与余家是世交。我不知道泓光是怎么说服余玲雅接受我的采访的，因为在她眼中，我这个"共匪"，应该是个非同一般的存在。但她信任泓光，所以她信任我，但她也事先通过泓光告诉我，发稿前要让她先过目。我同意了。我知道她的担忧，也尊重她的选择。于是，在泓光居中协调下，在一个下着小雨的傍晚，我搭泓光的车在高雄一家酒店的咖啡吧与她见面了。我想，我应该是她接触的第一位大陆女记者。但采访的过程出乎意料地顺利，或许因为我们同是闽南人，身上都有那种泥土气息。我们从采访聊到彼此的身世，我跟她讲了大陆的这些年，包括新中国成立初期的艰难，和"文革"十年。她听得很认真，不时地提问，最后问我："我现在高雄有一家大学，你是否愿意去大学讲一堂课？"尽管那时的我还很青涩，但也知道自己作为一名驻台记者，不适合在公开场合随便发声，因此婉拒了她的邀请。但这么多年过去，那天的场景，她的温润大气，她的谦和有礼，她的修养和仪态，仍然历历在目。

那以后，我接触过许多台湾绿营政界人士，但余女士仍然是我认为最可亲近的那一个。

1997年"3·10"劫机者刘善忠：我还欠大家一个道歉

他，原名刘善忠；十年牢狱后保释出狱，改名换姓。他说："我要重新做人。"

1997年，因为向往祖国大陆，刘善忠将一架由高雄飞往台北的航空客机，劫持到厦门高崎机场。两个多月后，他被遣返回台。之后，在国际舆论压力下，数名大陆劫机犯被陆续从台湾遣返大陆。

出狱后的刘善忠成为一名记者。我去过他在台北的家，数次登门，和他太太也成了很好的朋友，他向我提起了当年那不堪回首的人生片段以及心路历程。

外省二代受排挤，心向祖国大陆

在台湾，刘善忠是外省二代，是个由祖母带大的孤儿。

他很努力，在服役期间曾任职于台"国防部"心战部门，一度官至"警备总部"保防参谋，负责情报工作。34岁中校退役后，他考进报社，从新闻记者一路干到主任。现在的刘善忠，年已花甲，新婚不久。回忆起那个特殊的时间点，他语速加快，有点激动："我是临时起意，事前一点准备都没有。"他说：可能是在心战部门的工作经历（每天要监听大量大陆"匪情"，让他对祖国大陆心生向往）；而那时的台湾又处在一个集体焦虑、排外的时间点上，他作为一个外省二代，处处受到排挤，于是萌发了"回到大陆"的想法。

1996年2月，因为在报社的种种不愉快集中爆发，刘善忠愤而辞职。在朋友引荐下，他来到瑞穗虎头山上的一座寺庙，当上了庙公。

1997年2月，春节前夕，远在高雄的哥嫂打来电话叫他回家团圆，他却拒绝了。独自守着古寺青灯，孤寂没落的心绪，加上前路茫茫，让刘善忠"回到大陆"的想法尤为强烈。鬼使神差地，他在佛前叩首，掷筊问神明："我劫机到大陆会不会成功？"居然连续掷出8个"圣筊"（闽南民俗，意为佛祖点头）。这个结果，让他"心惊胆战，目瞪口呆"。

没想到，次日，他又接到昔日战友电话，相约3月8日聚餐。席中，战友们春风得意，有的升任长官，有的退伍后混得不错，只有他一人暂时栖身寺庙。想到孤苦伶仃的身世，刘善忠"深感无奈"。"这场饭局扮演了引爆行动的临门一脚，隔天后临时起意携带新台币7元分量汽油，就把一架空中巨无霸飞机改变航道前往百里之遥的祖国大陆，成为两岸之囚。"刘善忠后来在自己的回忆录中这样写道。

不堪回首的往事，从1997年3月10日下午2时开始。他的人生，也在这个时间点，跌进地狱……

临时起意，漱口水瓶装汽油混上飞机

当天，刘善忠购买了远东航空公司从高雄飞往台北的128号航班的机票，同时把临时买到的汽油装在一个蓝色的漱口水瓶子里。

"那几天正在牙痛，一直随身携带那个漱口水瓶。"不料，阴差阳错，那一小瓶汽油竟然顺利"瞒过"X光、安检门和安检人员，刘善忠"带着十五只吊桶七上八下的心情"，上了飞机。"当时我心里其实很盼望安检没收我那瓶汽油的，结果竟然没人注意到，我很顺利地上了飞机，箭在弦上，不得不发了。"

没想到，这么轻易就混上了飞机，刘善忠很紧张，感觉所有的人都在盯着他，因为还没想好要怎么办，于是神经质地拧开那一小瓶汽油。结果，汽油味飘散出来，引起邻座恐慌，刘善忠连忙安抚："可能是飞机漏油。"

10多分钟后，发放餐点的空姐也闻到汽油味，找来座舱长（乘务长）。二人确认情况有异。

见情势紧急，刘善忠立即尾随二人到前舱屏风处，脱下夹克，将一半汽油泼洒在地毯上，举着打火机大叫："这是劫机！飞到中国大陆去，不要阻止我，否则点火，飞机就爆炸！"

闻听此言，前舱的所有空乘人员都吓坏了，座舱长高永珍哆哆嗦嗦地拿起挂在舱壁上的内线，接通机长，告知有人劫机。

在几番劝说无效后，机长只好问他："要到大陆哪个地方？"

刘善忠愣住了，他并没有规划，只好随口说："到大陆任何机场降落都可以。"

可是，机长又以"飞机没有汽油，须到台北加油"为由，欲将飞机开往台北松山机场。刘善忠说："不要骗我，不可能没有油，是想到台北落地后抓我吧？""班机台北、高雄两地往返多次，汽油不多了，可能飞不到大陆，这趟回台北就是要加油的。"高永珍配合机长进行说明。机长也不断地问："可否到澎湖马公或金门加油？"

刘善忠急了，大声威胁道："我是烂命一条，你们愿意配合就平安无事，故意骗我，就点火自焚……"

虽然当时的刘善忠也害怕发生意外，并不想真的点火，但现场紧张的气氛还是镇住了机长。最后，飞机转而飞往厦门。"听到机长广播要求旅客系紧安全带，飞机准备降落厦门时，我迫不及待地向窗外望去，一群身着橄榄绿制服和便衣的大陆公安人员和车辆在机场的画面映入眼帘，恐慌顿感平复。"彼时，刘善忠泪流满面，将打火机交给座舱长，他想向机上的其他157名旅客和机组人员下跪道歉，但机舱门一打开，公安飞快地冲了进来，他被拉扯下飞机。

"有生之年，我欠他们一个道歉。"刘善忠说，令他印象深刻的是一位空乘人员，当时再过一个月就要结婚了，途中一直在哭泣，这让他深感不安，那时他就下定决心，无论如何，不能引燃汽油。

然而，一步错，接下来就是，步步错！

被遣送回台，10 年牢狱吃尽人间苦

对于刘善忠的到来，大陆的"见面礼"，是给他戴上其"生平第一副手铐"。他大喊："动作轻点，我们是自己人，我来投诚的。"没有人理会……

当天 18 时 53 分，在两岸相关人员协调下，该航班从厦门高崎机场返航，20 点 5 分在台北松山机场安全降落。

此后，经过相关单位协调，大陆方面决定依"金门协议"将刘善忠遣返台湾。据当年 3 月 15 日的香港《明报》报道："中共当局对刘善忠劫机事件，已原则确定先经中共司法程序，再将人犯遣返台湾。"

5 月 14 日，在厦门坐了两个多月牢的刘善忠，被押解回台。

"一时冲动，换取的是近 10 年的牢狱黑暗岁月，换取的是失去自由 3500 多天的惨痛代价。"回台后的刘善忠，被判处无期徒刑，后因台当局修改"民用航空法"而改判 15 年，服刑 10 年后，被保释出狱。

在狱中的日子，他被认为是精神病患，还被送到台中精神病监强制治疗，服用精神药物 3 年多。"我每天半梦半醒，半死半活。"非人的折磨，摧毁了他的健康，更将他人生的"黄金岁月"彻底埋葬。

经历人世沧桑，看尽人情冷暖，出狱后的刘善忠改了名，寄望于隐姓埋名劫后重生。

"当台北看守所重重关上冰冷的铁栅门之际，有如鬼门关是

否'直进横出'？审判可能判死，一具冰冷的尸体挂着'刘善忠'的名讳火化丢入大海？经过长期的拘束、无望、无助、孤寂、恐惧、自闭的日子，不忍杀生、怕死的我一度想自杀、数度想杀人来解脱；突然释放出狱又燃起无限美好的生机，一切的一切都在峰回路转之中有如南柯一梦；'天注定让我活着'，我会将仇恨、愤怒，放在监狱里，知足惜福感恩，我要自由地好好活着，活着'回报天'。"刘善忠在自传中动情地写道。

2013年，改名后的刘善忠，迎娶了大陆太太，开始了新的生活。

2014年5月21日发表于《海峡导报》

【后记】

我追这则专访，追了五年。他一直讳莫如深，而我一直在揣测：是什么样的动机，能让一个平凡的人，做出如此惊天之举？所以，我追了五年，终于得到答案。后来，我和他，以及他太太，成了好朋友，我经常到他台北的家中做客，吃他太太煮的大陆菜，一解乡愁。至今算起来我认识他也有13年了，他为人热情、直爽、讲义气，有次我去金门，与朋友吃夜宵，他竟然从隔壁桌冒出来，大叫"东东！"那晚他喝了很多酒，很开心，还打开视频和台北的太太通话："你猜我遇到谁了？是东东耶！"有次他太太到了大陆，身体不舒服，途经厦门，他特地打电话拜托我照顾他太太。在我看来，他是很典型的南部台湾人的性格，很有泥土气息，但个性中也有冲动、做事不计后果的因子，导致他在人生灰暗时期，做出错误选择。10年牢狱，于他，是一场涅槃重生，希望他安享晚年，岁月静好。

2021年于厦门

日本才是"二二八事件"的元凶

"二二八",是台湾人头上的一片阴云,社会上普遍认为,"二二八事件"是外省人屠杀本省人的惨案,但事实是这样吗?笔者认为,"二二八事件"衍生的省籍分化论,更多的还是民进党为了撕裂台湾,捞取政治利益,洗脑台湾人的话术。否则,日本人杀了那么多台湾人,为何不见有人纪念,有人道歉?

台湾的统派学者普遍认为,日本人才是"二二八事件"的元凶。

是日本人导致了"二二八"

《祖国文摘》社长戚嘉林,也是《台湾史》的撰写者。

他说:"二二八事件"要分为三个阶段——第一个阶段是1945年日本投降到1947年;第二个阶段是1947年2月28日到3月8日国民党登陆;第三个阶段是国民党登陆后收拾残局。但在1945年日本投降之前,台湾几乎已经被美军毁灭,国民党接收的是一个生产力只剩8%的台湾。而此时,国民党也因为国共内战面临困境,实在是无力治理。

"台湾经过几十年来的教化,记忆上有些断层。"戚嘉林说,台湾在日本投降前被美军轰炸 200 天，46000 多间房屋被炸毁，27万人无家可归。在美军大轰炸之下，台湾到处是断壁残垣，高雄戏院、高雄港、台大医学院都被炸毁；台湾的铁路系统有近一半火车被毁，1458 座车站被炸；浊水溪等大小桥梁 16 座被炸毁。这导致台湾光复后，生产力只剩余 8%，台湾对日本的贸易完全中止。

战争导致台湾的物资奇缺，粮食大幅减产。1945 年日本投降前，严格配给粮食，民众分中老少、孕妇、重劳动力和轻劳力配给。战争打到最后一个月，粮食只能供应 20 天，余下 10 天只能吃番薯。一切副食品在市场上已经绝迹。在这么困难的情况下，日本不允许通货膨胀，每头猪都盖章，粮食都按月配给，天天宣传"节约食品"。

但日本即将退守时，马上解除粮食管制，任由大家消耗粮食，所以 8 月份日本人退守，物价涨了 8 倍，9 月份涨了 18 倍，到 10月国民党大员陈仪接收台湾时，物价涨了 22 倍。生怕台湾不通胀，日本人还运来一飞机钞票，发给在台湾的日本人，任由他们买买买。所以，当时从日本运钞票来的严建俊二就预测：短期内台湾一定会发生一场很大很大的动乱。"为什么他知道？因为他就是操控者。"

物价飞涨，民生凋敝，民怨沸腾。大家把这笔账都算到国民党身上，认为日本人在时都好好的，为什么国民党一来接收，社会就如此动荡？其实，1946 年 4—5 月，接收大员陈仪在台湾选拔治台人才，当选的 60 人都是台湾本省人，所以台湾人特别高兴，连报纸的标题都是"台湾人欢迎祖国"。而当时在台湾的

12000名外省人都是小兵，不可能让物价飞涨。但因为是国民党主政，台湾人就把怨恨都转移到国民党和外省人身上。

"七月普度，拜拜冤死外地的魂"

蔡裕荣是台湾政治受难人互助会会长，他有很多关于"二二八事件"的故事。

"二二八事件"真相为何？"二二八事件"怎么演变成分裂主义的温床？"二二八事件"为什么是"台独"的起源？

"小时候，我们都有着质朴的民族英雄情感。"他说，小学六年级有一次从家乡去台北，看到浩浩荡荡的街头大游行，很是震撼。一问，原来是纪念"台湾光复节"，上万人的游行场景让人热血沸腾。回家后，看到五六个人被打到头破血流，原来这些人就是被冠日姓的"三脚仔"。蔡家爹妈心善，把这几个"三脚仔"保护起来。还有一次，有个同班同学的表弟被打，打他的人说："你是'三脚仔'的孙子，大人都这么讲。"

可见，当时民间是鄙视汉奸的。可是国民党没有肃清"汉奸文化"。

而战后美国的介入，日本对台湾经济的"支援"，让整个社会听不到社会主义的理念和想法，爱国主义、英雄情怀逐渐被淡忘。

同时，"家恨"取代了"国仇"。很多"台独"老辈，是从爱国转向仇视祖国的。蔡裕荣说，互助会里有很多50年代国民党"白色恐怖"受害者家属，父辈因为支持共产主义被国民党杀害，却始终支持国民党。蔡裕荣说，虽然这些人对国民党的恨不能一下解除，但为了子子孙孙，为了台湾的未来，要有正确的决断。

"小时候，七月普度，在拜拜的场合，我们会买一些美式的面包咖啡，拜拜冤死外地的魂。"他说。

"二二八事件"不是省籍分裂，是政权斗争

已故台湾知名统派学者王晓波，是台湾统派的一面旗帜。"二二八事件"在他看来，就是内战结构下的一次政权斗争，而不是后来被歪曲成的"省籍矛盾"。

大家普遍认为，从3月1日开始，是台湾人打外省人，是省籍冲突的问题，但王晓波认为不是，"这是一场群众暴动"。只是当时的台湾人认为外省人代表了国民政府，所以打外省人。其本质是一场反抗国民党政权的斗争。

后来，蒋介石派兵镇压。"军队是没有意志的。他们是因为你是台湾人杀你吗？不是，蒋介石杀的是反对者。"外界认为"二二八事件"后期是外省人屠杀本省人，只是因为蒋介石派来镇压的部队是外省人。

"所以我们要呼吁停止内战，停止国共斗争，要和平统一国家。我们是这几年国共内战的受害者，我们要抵抗外侮，建立一个自由平等美好的中国。"王晓波说，美国五角大楼有一只神秘的手在操控台湾，他们把"二二八事件"神秘化，歪曲成是省籍矛盾来撕裂台湾，这样有利于美国在台湾玩两手政策，在国民

党与民进党之间制造"恐怖平衡",从而扶持亲美势力分裂两岸,遏制中国的崛起。

2021 年 10 月完稿于厦门

第三章

红色祖国思潮

在台湾，曾经出现过向往红色祖国的思潮。

我妈妈是土生土长的厦门人，从小听我妈妈哼唱的闽南语歌中，有一首不知何名的闽南语歌，歌词至今仍让我难忘。妈妈是这样唱的：我爱我的台湾啊，台湾是我家乡。日本时，没自由，如今更苦了。想着狗去肥猪来，台湾真苦啊……

小时候我好奇地问妈妈，谁是狗？妈妈说，狗是指日本人。那肥猪是谁？妈妈说，是国民党。妈妈说，1945—1949年间，不满国民党统治的台湾民间，用这首歌寄托对红色祖国的向往，又因为同讲闽南语的缘故，传唱到一水之隔的厦门。

后来有一天我搜索了一下，发现这首歌正是创作于1945年，由台湾作曲家许石所创作，原名《南都之夜》。"日据时代"，日本人限制台湾原创歌曲创作，而1945年国民党收复台湾后，限制台湾人唱日本歌曲，《南都之夜》应运而生，一炮而红。

而《南都之夜》的闽南语歌词是："我爱我的妹妹啊，害我空悲哀，彼当时在公园内，按怎你甘知……"被引进大陆后，翻唱的普通话版本是："我爱我的台湾啊！台湾是我家乡，那里的人民不自由，如今更苦愁！我们要回到祖国的怀抱，兄弟们呀！姐妹们！不能再等待！兄弟们呀！姐妹们！不能再等待！"

我一直在网上找妈妈唱的那个版本，却一直没找到……也许，妈妈唱的那个版本，正是草根民众口耳相传的版本吧。

我和板桥林家

2009 年 12 月，我即将结束我的第一次驻点工作。有同行提议："你何不去板桥林家走走？你们漳州人建的，或许有点渊源。"那几天正好闲着，我想，就走走呗，去看看我们漳州人在台湾发家的地方也不错。而且，还是本家。

遂在某个周末上午，搭了地铁淡水线，去往新北板桥。路上，还顺道拐去看望了一位同事的叔叔，龙岩人，退伍老兵，年届九旬。同事的叔叔也是当年随着国民党撤退的，后来在台湾找了当地女子成亲，养育了三个儿子，个个事业有成，而当天在家接待我的，正是在"警政署"服务的二儿子。老伯说，他很想回老家看看，但无奈年事已高，腿脚不便。说起老家，老人的眼中有隐约的泪光。

人在天涯，故乡已是他乡。从老伯的家中出来，我的内心有些许惆怅。

到了林家花园，已是上午 10 点多，冬日的暖阳照着，气候宜人，心情才开始愉悦起来。

板桥林家来自漳州龙溪县白石堡，开台祖林应寅于清乾隆四十三（公元 1778）年从福建漳州迁台。龙溪县现称龙海，白石堡现称杨厝。我奶奶杨德淑便是从杨厝嫁到龙海紫泥我爷爷家中，奶奶家是杨厝望族，家里有九个兄弟，大的兄弟下南洋，留下第八、第九个舅舅跟我父亲年纪相仿，也最亲，因此自小便常听爸爸讲八舅九舅的故事。

因了这样的渊源，对这园子，感受分外亲切。

像极了闽南的建筑，板桥林家花园有着燕尾脊、红砖墙，小桥流水，雕梁画栋。园子占地5万多平方米，享誉"园林之胜冠北台"，被列为二级保护文物。

结合了南洋风的大庭院十分气派，我在回廊静坐，感受这同样来自龙海老家的本家前辈，在异乡打拼成就的这一番伟业。

据说，兴建这园子的时候，林家已经是台湾首富，商号叫"林本源"，意喻"饮水思源"。而日本殖民统治时期，林家后人不愿做"亡国奴"，回到福建，在鼓浪屿建了菽庄花园，此花园已成为厦门闻名海内外的重要旅游景点。

菽庄花园坐落在鼓浪屿海滨浴场旁边，在花园里可看潮来潮往，日升月落。小时候入园，随着大人在人潮中挤来挤去，嘴里咬着棒冰，注意力全在那一嘴香甜。长大后再去，才看懂了园在海上、海在园中，海阔天空的景致。四十四桥、十二洞天，海上建亭台，大海是私家池塘，晨起坐看行云流水，日暮沐浴斜阳金辉，胸中有日月，眼前有晨昏，南太武山脉做围墙，潮汐当韵律，真正达到了天人合一的境界。

菽庄花园由林家后人林尔嘉建于《马关条约》之后几年。1945年，思念家乡的林尔嘉回到台北，后将菽庄花园捐给祖国。据说，在抗战那几年，林尔嘉还会将台北运来的米，先在厦门验收后，送往建于老家杨厝的一处"义庄"，接济乡民。这也是我们闽南的传统，出外发家的人，都会寄钱寄物回来接济亲朋、乡里。

我父亲说，我出生时，在香港的两位十四五岁的表哥，送报赚钱，每月寄回一个银圆给我买奶粉。这也是我们漳州人的亲情和义气。

后来有一次我去鼓浪屿，还看到了雾峰林家在那里的一处房产，也是捐给了政府，当作公益。据说，"日据时代"回国抗日的台湾青年人，选择回家的路大都会先到厦门，因为这里是最近的地方，而且语言相通，习俗相近。而在蒋介石派员接收台湾的1945年之后，到蒋介石退踞台湾的1949年间，这一片水域又发生了多少来来往往，对抗蒋家王朝的事件呢？

我们漳州人，又在历史中留下多少印记，留下怎样的印记，留待慢慢挖掘。

2021 年 4 月完稿于厦门

林孝信：41 年保钓路漫漫

在台湾新闻界，"中视"董事长林圣芬被称"圣老"，是人人敬重的老前辈。但鲜有人知道，他的哥哥林孝信，是 1971 年美国保钓运动的领军人物之一。51 年来，林孝信背井离乡，一度因为台湾当局的政治迫害而沦为"黑人"，在美艰辛度日，其间甚至不敢与家人联系，成为流落在外的"孤儿"。

时隔 40 多年，2014 年 9 月 23 日，作为"台湾人人保钓联盟"总召集人的林孝信，发动民众走上街头，进行全台性的保钓大游行。走在游行队伍最前面的他，清瘦，精神矍铄，仿佛头顶上有光环。

命运的转变，始于钓鱼岛

从一个正版"乖乖牌"留学生，变成一个走上街头的愤怒青年，是林孝信人生的转折点。1967 年，林孝信来到美国芝加哥大学物理系留学，一年后他便通过了博士资格考试，获得全额奖学金，很快过上了"有钱有闲"的好日子。随后，他创办了《科学月刊》，用这本杂志传播科学进步思想，建立北美台湾留学生人脉网络。

1970 年初，美日酝酿把钓鱼岛交给日本管理，一些长期在钓鱼岛捕鱼的台湾渔民开始被日舰驱赶，钓鱼岛事件白热化。消息传到美国，留学生们集结起来，他们找到林孝信，请他用《科学月刊》帮助集结游行队伍。1970 年 12 月的《科学月刊工作通报》变成了《钓鱼台事件专号》，寄给了 300 多个《科学月刊》联络员，他们分布在美国 50 多所大学，通过他们能联系到上千名台湾在美留学生。

后来《钓鱼台事件专号》又连续出了两期，反响热烈，台湾留美学生们很快在很多学校成立了保钓分会，酝酿在全美举行保钓大游行。在林孝信的印象中，各个保钓分会的负责人有一半以上是《科学月刊》的人。

林孝信这个书生，就这样，被历史牵引着，走上了保钓之路。

首次游行没经验，状况百出

1971 年 1 月，这些年轻的保钓领袖，坐在一起开会酝酿第一次保钓游行。在林孝信的回忆中，这个片段有些沉闷。

因为他们都经历过台湾"戒严"阶段，大家有些犹豫：到底敢不敢游行？要不要走上街头？东部的留学生已经示威游行了，我们芝加哥的是不是也要出动？所有人都默不作声，生怕自己一发言就被推上前台。空气凝结了。这时，有一个叫范强的同学，可能受不了这种无形的压力，跳了起来："好好好，这次由我来，下次就要换别人了。"于是，大家决定就由范强去申请登记。

游行时间定在 1 月 30 日。因为大家都没有经验，事先没做好统筹规划，所以状况百出。那年芝加哥的冬天特别冷，当天气温达到 –25℃。游行队伍在街头前进了三个小时，所有留学生在寒风中坚持着，还有些大学教授开车跟在旁边。

队伍中有个叫陈明义（音）的留学生，带着 6 岁的女儿珊珊一起出来游行。可是，小女孩被冻坏了，不省人事。开车的教授中有后来担任台湾"中研院院长"的李远哲，他挺身而出，把珊珊送到附近医院急救。

由于游行队伍事前没有规划路线，也没有带抗议书，所以 700 多人的队伍来到日本领事馆门前，除了喊口号，也不知道要做什么。队伍中有个一路跟随的日本人，很热心地站出来，指出附近还有个日本的官方机构，把大家又带到那边去抗议。

回忆起这次游行，林孝信的脸上绽放出笑容，依稀可见当年的热血。

我问他："有没有想过这个日本人可能是另有目的？"

他说："有！后来大家也都在怀疑，为什么这么巧，那个日本人就正好出现在那里，还那么热心地出来为大家指路？"

遭受政治迫害，有家不能回

一腔热血固然可贵，然而，站出来反对美日帝国主义，需要付出怎样的惨痛代价？为了保钓，林孝信付出了自己的人生。

1971 年底，台湾当局突然要求"保钓减温"，这些保钓领袖都上了"黑名单"。游行过后大约一周，林孝信突然接到同学的警告电话："不要回家。"原来，领头人范强住的地方，有美国的情治人员去调查。

当时，范强和另外三个台湾留学生同住在一间公寓。那天其中一位胡姓同学回家，看到有陌生人东张西望，那人还问胡同学："这里住着詹姆·杨吗？""我们这里只有琼·杨。"于是，陌生人拿出一张纸，把上面"詹姆·杨"的名字划掉，写上"琼·杨"。纸上的抬头，竟然是"搜查令"。

便衣于是进入房间搜查：第一个留学生喜欢摄影，暗房里有用于显影的白色粉末，被怀疑是毒品；范强有胃病，房里有从台湾带来的胃药，那些粉末也被怀疑是毒品；第三个留学生吸烟，也被当成抽毒品烟。于是三个人被抓进拘留所讯问。当晚，他们打电话通知其他保钓人员，大家都很紧张，于是互相邀约去纽约避难。

最后，两名同学被保释出来。范强因为台湾生产的胃药大麻成分超标，当场被起诉。之后，同学们一边请律师辩护，一边写信给台湾药厂请求开具证明，范强才被无罪释放。

而当年暑假，林孝信去申请"护照"延期时，被台当局没收了"护照"，成了一个有家不能回的"黑人"。他没有办法打工，也没有收入，只能靠微薄的演讲费和朋友的接济过日子。直到1980 年，美国民政局才找到他，通知他可以拿绿卡。

1984 年，林孝信拿到美国绿卡，这才结束了流浪生涯，回到台湾。

他自嘲："总算没饿死。我是被逼上梁山，不得不成为一个'专业保钓人士'！"

保钓运动对台湾意义非凡

林靖东：这么多年，您有想过如果当初没有参加保钓，也会像大多数人一样平平安安，谋一份好工作，享受富足的生活吗？

林孝信：我也曾经这样想过，但是保钓找到了我。那时你作为一个有一点良心的知识分子，就没有办法独善其身。在这过程中我对人生了解很多，得到很大的收获。

林靖东：在美国当"黑人"期间，有想过放弃吗？

林孝信：人们告诉我，当时美国有150万个"黑人"，但像我这样的不超过1000人。而美国也存心收留这些非法劳工，利用、压迫这些弱势阶层，作为他们社会的廉价劳动力。经历过这个阶段，我才看清了美国的虚伪，他们所谓的自由民主都是假的、做出来的。所以，我一直坚定地反对美帝国主义。

林靖东：您作为台湾保钓游行的总召集人，想对民众传达一种怎样的理念？

林孝信：钓鱼岛事件源于美帝国主义和日本军国主义的勾结。当时美国陷入越战泥沼，于是与世界第二大经济体日本谈判要钱。日本提出要琉球和钓鱼岛。美国认为，如果让琉球独立，琉球一定反日亲中国，这样的局势对美国不利，所以把琉球割给日本。而钓鱼岛是中国领土，割让主权会触怒中国，所以把行政权划给日本，让钓鱼岛成为美国牵制中日的一张"牌"。实际上，德国二战后道歉，把法西斯主义彻底断根，而日本不但没有反省，军国主义还在强大。所以我们不是单纯保钓，也是在反帝国主义和军国主义，谁能保证日本若侵占了钓鱼岛后，不会想来侵占台湾？

林靖东：所以，台湾有必要站出来捍卫自己。

林孝信：当然，全世界都知道钓鱼岛属于中国，如果中国人自己不敢站出来，那还算什么？！

林靖东：可是，对于台湾的一些年轻人来说，保钓是很遥远的事情，他们宁愿去担心自己的工作和前途。

林孝信：这是错的，参加保钓运动是成长和学习的过程。在1970年暑假，我们注意到钓鱼岛事件，于是纷纷到图书馆去查国际法、钓鱼岛的历史资料；1971年，经过那次游行的挫败，我们又去查近现代史，了解美国、日本和台湾之间是怎么回事。那时我们才知道，以前对美国的了解有多么片面，台湾当局面对美国是多么软弱！

第三次大学习，是在1971年7月9日晚上6点，美国所有电视台插播一条消息："基辛格已经秘密访问过北京，获得了周恩来总理的邀请，尼克松总统将于次年访华。"这对我们是个超级震撼弹。之前我们充满无力感，对台湾几乎绝望，现在发现祖国大陆好像很有力量，连尼克松也想要去访问。于是，很多保钓人士把眼光放到大陆，保钓运动进入第三个阶段，学习中国近现代历史。

林靖东：41年后您保钓再出发，发动民间力量起来抗争，会有实际效果吗？

林孝信：民间力量不可或缺。"政府"在每个时候，都会说有它为难的地方。可是 40 多年前若我们没有站出来，钓鱼岛就神不知鬼不觉地变成日本人的领土了。我们的抗争，迫使美国只把行政权交给日本，这才使我们现在站在了一个比较有利的地位，否则现在什么都没有了。

林靖东：可是台湾民间对保钓、光复并不了解，大多数人仍对此相当淡漠。

林孝信：这样的现状，简直是不可思议，台湾社会病了！我们过去是不计个人得失来保钓。保钓运动的精神资产就是：爱国爱民，关怀世事；不计较个人得失，敢于为正义的事站出来；重视历史，善于学习；注意国际大局的演变，并且善于从世界大格局的眼光，来分析问题。这四点在当今两岸社会，都很值得提倡。

林靖东：所以，中国崛起对保钓有何深远意义？

林孝信：中国的崛起，让我们一扫过去受欺负的悲惨命运，我们才因此更有力量保卫钓鱼岛。在中国和平崛起的今天，不要忘记还有广大第三世界国家仍处在受欺负的状态，它们还面临着贫穷、教育与卫生条件差、常常被强权干预等问题，它们在国际上多无发言权，中国应该有世界大格局的眼光，与第三世界国家并肩奋斗，坚持第三世界国家的立场并为之发声，为建设一个民主、平等的国际关系共同努力。

这也是今天台湾继续保钓运动的意义所在。台湾保钓 40 多年，其意义不在于缅怀过去或是自我表扬，而是期望保钓历史的真正意义能够被台湾社会所了解，最终能把保钓的火种延续下去。再现这段历史及其蕴含的精神，对当今台湾社会应有参考价值，甚至对两岸社会的进一步发展亦能有所贡献。

林靖东：重视历史，也是当年你们这些老保钓人秉持的精神价值。

林孝信：首先，钓鱼岛的归属问题，就是从历史中找到证据；其次，保钓人士把钓鱼岛问题联系到近代史，从历史的视野定位保钓运动的意义，而历史的定位与意义反过来又有助于运动的持久与深化；最后，重视历史的态度也有助于我们对中国大陆的重新认识，有助于对台湾的深入了解。这些认识与了解，是保钓运动能够延伸到关怀大陆与台湾的基础。

保钓运动将迫使台湾社会正视与大陆的关系，如果没有祖国大陆，台湾只能处处受欺负。

当年我们游行的第一站是美国国务院，他们不仅明显地偏袒日本，而且态度相当傲慢。面对几千人的游行队伍以及我们用心收集的各种证据，美国国务院的回复只是重复事前已经表明的立场："美国过去只是暂时管理钓鱼岛列屿，将把它连同琉球群岛交还给日本。"完全不理会大家在抗议信中陈述的反对理由。游行队伍的一些学生听到这样的回应，忍不住哭了。因为此前，我们被灌输的信念是"美国最重证据，并且一向在国际上是公正、主持正义的国家"。这下看来，完全不是那么回事。虽然当时美国的回应令游行学生深受刺激，但我们对台湾当局还有期待。然而接下来，当他们游行到当时的"中华民国大使馆"时，却同样希望落空。于是，在美国国务院受到的挫折就转化为对台湾当局的彻底失望，我们蓦然发现，"钓鱼岛事件的根源，不只是外侮，还有内贼"。

林靖东：有一次，我遇到您的弟弟林圣芬，他说您"十几年音讯全无，我们好不容易等到他从美国回来，却带回来十几个箱子，里面全是一箱一箱的保钓书籍，还有他自己办的《科学月刊》"。他们可能会认为，您做的这些事有些"走火入魔"，让人费解。

林孝信：我做这些事时，是充实而快乐的。

2012 年 9 月 12 日发表于《海峡导报》

【后记】

理想主义常常被人嘲笑为天真、不切实际、堂吉诃德，被认为是少数人的梦想。老保钓人士成长于 20 世纪五六十年代，当时台湾社会思潮比较具有理想主义的色彩，比较朴实，社会也相对贫穷，这些都是孕育理想主义的土壤。而理想主义，正是当时保钓运动蓬勃兴起的潜在原因，成就了一批爱国爱民、关怀世事、不计较个人得失、敢为正义发声的年轻人。

这些，值得今日台湾社会思考。

2015 年 12 月 20 日，林孝信老先生在台湾与世长辞，享年 71 岁。每每想起他，我就会想到走在游行队伍最前面的那个领导者，眼里有光，头顶仿佛有光环，为了家国和理想信念，不计个人得失，不管世俗的目

光。常常觉得遗憾，没有在他有生之年，多为他写一
点文章，记载他这传奇的一生。

两岸联手保钓秘辛：曾用弹弓打日本直升机

两岸暨香港联手保钓行动，从 2003 年就开始了。作为联手保钓亲历者，台湾第二代保钓人士黄锡麟，曾 14 次登上钓鱼岛。他经历过与日本舰艇的零距离冲撞，也曾手持弹弓射过日本人的飞机。回忆起这段艰辛的保钓史，黄锡麟一声叹息："我们深深体会到，钓鱼岛问题，不是那么简单。"

采访黄锡麟很不容易，我给他打电话的时候，他在日本，被抓捕，信号一度中断。我执着地等待，最终在基隆码头等到了刚刚回台的他。他眼神灵动，皮肤黝黑，充满热情，讲话的语速很快。我想，支撑他理想信念的，大概就是骨子里的这种率性和执着。

两岸暨香港首次联手保钓：从厦门东渡港出发

2003 年 10 月，黄锡麟等两岸民间保钓人士，就开始第一次登岛联手保钓行动。10 月 7 日，保钓船"闽龙渔号"，从厦门东渡港出发，于 8 日凌晨抵达棉花屿外海，与香港、台湾的保钓人士会合后，全部人员转移到"闽龙渔号"继续航行。当天风高浪急，"闽龙渔号"在 9 日上午才抵达距钓鱼岛 25 海里处。

因为事先得到消息，日本海上保安厅已经布下天罗地网，除了派出舰艇阻拦外，也派出侦察机、直升机在上空盘旋，并丢下警告单要保钓人士退出所谓的"日本领海"。

"闽龙渔号"并不退缩，长驱直入，一直前进到距钓鱼岛3海里处。突然，日本保安厅PS06及PS03两艘船将"闽龙渔号"夹在中间，加速连续撞击"闽龙渔号"。随着船身轰隆隆剧烈摇晃，大家都吓坏了，心想"完蛋了，'闽龙渔号'要沉了"。但一阵撞击之后，日本船慢慢退到一边。他们的船身凹了一大块，漆也掉了。"闽龙渔号"果然坚固无比！大家信心大增！

要乘胜追击！"闽龙渔号"上的保钓人士，有的拿起鸡蛋向日船投掷，有的拿起弹弓射击日船及头上的直升机。这下日本人害怕了，船上的人拿起盾牌遮蔽，直喊："弹弓，危险，危险！不要再打了！"直升机丢下一句："不要打，危险！危险！"摇摇晃晃飞走了。

保钓人士原本准备潜水游泳抢滩钓鱼岛，但想到敌强我弱，一上岛就会被日本警察抓走，所以取消了登岛计划。

十四次保钓：跳过海，扔过玻璃瓶

2006年8月16日，为抗议小泉纯一郎参拜靖国神社，黄锡麟等几个台湾人搭乘台湾渔船"全家福号"前往钓鱼岛抗议。日本方面派出一架直升机、两架侦察机以及8艘舰艇来对付"全家福号"。日本舰艇以冲撞、左右交叉制造海浪等方式，逼迫"全家福号"返航，而黄锡麟他们也不示弱，拿起船上的玻璃瓶向日船投掷，并在距钓鱼岛 15 海里处施放"钓鱼岛隶属台湾省宜兰县"的气球及数千有民众签字的小气球，来宣示主权。

2008 年 6 月 15 日，为抗议日本海上保安厅撞沉台湾"联合号"渔船，"全家福号"再次出海保钓。这一次，台湾当局派出"海巡署"船只护航。"海巡署"船只与日本保安厅舰艇在离钓鱼岛 12 海里处数次发生冲突，海上二三十艘舰艇剑拔弩张、一触即发。除了互相以高压水龙头喷水外，日方还以制造黑烟、海浪和蛇行等方式阻止保钓船只前进，最后还在钓鱼岛四周布满快艇，让保钓人士无法登岛。

2010 年 5 月 24 日，黄锡麟等 8 人再次乘"全家福号"前往钓鱼岛列屿的赤尾屿，准备在岛上立碑，并在钓鱼岛外海钓鱼。但船到钓鱼岛海域就受到日本海上保安厅的监控，日本人不但发出警告，还要登船，遭到拒绝后又一次试图撞击船身。"全家福号"不得已撤离，被日船追逐了三个小时，驶到离钓鱼岛 40 海里外，才得以脱身。

2010 年 9 月 13 日，为抗议日本扣押大陆渔船，黄锡麟等再次集结在距钓鱼岛 16 海里处，在"海巡署"的护航下，与日本海上保安厅对峙 5 个多小时。

2010 年 10 月 8 日，为抗议日本议员搭乘直升机到钓鱼岛宣示"主权"，黄锡麟等五人准备搭乘"感恩 99 号"到钓鱼岛。因遭台当局"禁止出海"命令，五人愤然跳入海水中抗议。

2011 年 6 月 28 日，黄锡麟等三人再次前往钓鱼岛。这一次，保钓船只被四艘日本船及直升机包围，动弹不得。直到台湾"海巡署"派来两艘舰艇才解了围。

传授民间保钓经验：大陆铁壳船最耐撞

"在 20 世纪 70 年代的保钓运动中，我刚好十一二岁，听说那个地方很多鸟蛋，可以去捡鸟蛋，还有很多鱼，但被日本人给占据了。"黄锡麟说，70 年代的台湾保钓运动因当局打压，只限于局部游行。到了 1996 年，有五位港台保钓勇士登上钓鱼岛，这是保钓运动的最高潮。而 2003 年那次，两岸暨香港保钓人士一起登岛，掀起了另一波高潮。

14 次登岛，让黄锡麟等保钓人士积累了丰富的斗争经验。"每次过海的时候，我们的船都有损害。"黄锡麟说，台湾的船是 FRP 的材质，不堪一击，大家都担心船一撞就沉下去。反而是大陆的铁壳渔船，让日本船只无可奈何。"登岛不困难，只要三四艘 200 吨以上的铁壳船，就可以冲过包围圈上岛。"

另一方面，每次一到钓鱼岛海域，日本的直升机就会在头上盘旋，小渔船被吹得摇摇晃晃，船上的人都站立不稳。第一次，保钓人士用弹弓发射玻璃珠打直升机，但想到玻璃珠会破裂，他们后来都改用钢珠射击。

因为保钓，黄锡麟已经被台当局列为"敏感人士"，手机通话也会经常被"特殊关照"，也正因为如此，他积累了很多斗争经验，比如重要的对话须面谈，居无定所，等等。我问他，既然保钓这么艰辛，是什么在支撑着他的信念？他说，很多事情，必须有人去做，去承担，我们只有不断去抗议，去发声，才能保持钓鱼岛主权"有争议"，不然的话，会被日本人偷偷搞走。

那天的采访之后，我就没再联系上他，也鲜有听到他的消息，但今时今日，仍记得这位浑身是胆的热血男儿。

2012 年 9 月 30 日发表于《海峡导报》

采访声音链接：岛内保钓人士观点

新北市议员金介寿：马英九应登钓鱼岛

新北市议员金介寿表示，钓鱼岛是我们的，李登辉是日本的。但李登辉有言论自由，大家拿他没有办法，除非大家有证据表明他公然勾结日本人，就可以以"外患罪"取消他 800 万元新台币的礼遇金。

金介寿认为，从 1972 年到现在，钓鱼岛问题都是美国人在幕后操纵。今天大家应该到"美国在台协会"去抗议，因为日本人不过是美国人的棋子而已。美国人之前说钓鱼岛是属于"美日安保条约"管辖，但当看到中国大陆万船齐发，大陆海监船开到钓鱼岛，大陆民众文明地走上街头，美国人害怕了，就改口说"美国没有明确表示钓鱼岛是哪个国家的"。所以，钓鱼岛问题就是美国人在幕后操纵。

金介寿说，时任"总统"的马英九应该去太平岛实弹演练，应该去登钓鱼岛，因为"这是他的历史责任"。

东吴大学教授刘源俊：台湾酝酿校园保钓风潮

东吴大学教授刘源俊表示，钓鱼岛自古以来就是中国的领土，二战时期，日本人意图窃占钓鱼岛，美国作为战胜国，把"赃物"自己保管，后来又瓜分给日本这个"小偷"，这是十分无理的行为，所以两岸中国人一定要站出来反对，大声主张主权，把自己的领土讨回来。

宜兰县议员陈正男：团结起来，不要让日本人看轻

2012 年 9 月 24 日，台湾宜兰百艘渔船集结，准备出海保钓。得到消息的我和福建日报记者陈旻，立马包车赶往现场。因为消息滞后，我们错过了报名随船采访的机会。现场有个渔民不忍看我们失望，招呼我们说："没事，我带你们去！"然而，一没向单位报备，二没向台湾当局主管部门报备，我俩也不敢贸然前往，只能谢谢这位渔民朋友的好意，也谢绝了可能是此生唯一一次接近钓鱼岛的机会。

在现场，我俩还遇到了同样来采访的日本《产经新闻》的记者，一个看起来体重有 200 斤的中年大叔。彼时他正采访一位渔民，面前是一筐筐渔民准备带出去用于"蛋洗"的鸡蛋。说实话，我那时真想去问他："看到这些即将去保卫自己领土和渔权的民众，您身为

日本公民有何感想？您怎么评价安倍晋三所谓的钓鱼岛'国有化'？"可是看他那一副认真工作的样子，想想大家都职责在身，也就算了。

现场，正准备随船出海抗议的宜兰县议员陈正男告诉我，这次宜兰渔民誓死护渔的举动，显示了台湾渔民的骨气。

陈正男说，钓鱼岛是祖先留下的传统渔场，宜兰渔民世代在那里捕鱼以养家糊口，如果钓鱼岛在这一代人手上弄丢了，就无法向子孙交代。他说，前几十年，台湾的渔船一靠近钓鱼岛，日本人就出来扣船、扣人，还向手无寸铁的渔民射水，欺负台湾人。这次有台湾"海巡署"护渔，大家都很有信心去宣示"主权"。

他说，为了渔民的生计，为了后代子孙的权益，"我们一定要护渔，我们一定要团结，我们要有骨气，不能让日本人看轻。虽然今天大风大雨，但我们说好了就一定要出发！"

那天真的是风大雨大，渔船出海时放起了鞭炮，为自己壮行。我爬上大桥高处，在风雨中拍下了"万箭齐发"的壮丽场景，胸中热血奔涌。

2012 年 9 月 25 日发表于《海峡导报》

人民最大党主席许荣淑：钓鱼岛不能让日本人抢走

在宜兰渔民出发现场，我遇到了台湾人民最大党主席许荣淑。她说，人民最大党就是要以人民为核心，维护人民的权益，所以一定要到现场声援。

许荣淑告诉我，对于钓鱼岛，台湾人必须寸土不让。因为钓鱼岛有稀土、石油，还有天然气，这些资源合计价值有 100 兆美元，"这么富有的财产，怎么可以让人抢走"。

所以，许荣淑认为，台湾的"执政"党、"在野"党都应重视钓鱼岛"主权"，保护人民的权益，"如果他们不能保护人民，就要下台，让人民自己保护自己"。作为人民最大党主席，许荣淑再三呼吁当局重视这个问题。

中华保钓协会教育宣传部主任刘沅：保钓是对青年学子的教育

"这是一个教育年轻人的机会，也是两岸联手的契机。"中华保钓协会教育宣传部主任刘沅说，1971 年以林孝信为代表的台湾第一代保钓人士崛起，1996 年以黄锡麟为代表的第二代保钓人士出现，此后保钓运动就无新鲜血液进入。

刘沅说，从此次保钓游行发起日开始，就有很多青年学子自动加入保钓行列。在组织游行的过程中，学子们接触到林孝信、黄锡麟这些老保钓人士，被他们的铮铮铁骨和一腔热血感染，也自发成为保钓者。

刘沅认为，保钓不仅是保卫一个岛屿，更是保卫民族尊严，他希望借此对台湾社会进行教育，让大家去研究历史，认清国际形势，从而找回正确的价值观。

2012 年 9 月 24 日，完稿于台北，
之后陆续发表于《海峡导报》

台大教授张亚中：两岸可发布"保钓白皮书"

4月17日，是《马关条约》签订日，也是中华民族的耻辱日。

时任台湾地区领导人的马英九发表讲话，称1945年后，日本统治钓鱼岛的"法律依据"已经消失，尽管钓鱼岛被美国"托管"给日本，但"托管"只是"行政权"，不具"主权"含义。

那么，对他的做法，岛内舆论又是如何评价？4月19日，笔者电话连线了两岸统合学会理事长、台湾大学政治学系教授张亚中，以及台湾"国家政策研究基金会"特约研究员李华球，请他们就马英九在此时重申"主权"，以及对钓鱼岛问题的后续处理，谈了各自的看法。

钓鱼岛是政治问题，不是法律问题

导报记者（以下简称"记"）：马英九在17日表示，日本统治钓鱼岛的"法律依据"已经消失，日本"托管"的只是"行政权"。他指的是"旧金山和约"，美国擅自把钓鱼岛划入琉球，并交给日本"托管"。那么这种"托管"合法吗？

张亚中（以下简称"张"）：首先，钓鱼岛是国际政治问题，而不是法律问题。"旧金山和约"大陆是不承认的。

1949 年两岸开始对峙，1951 年"旧金山和约"签署。当时中国代表不在场，所以中国政府不承认这个合约的合法性；与此同时，台湾当局也表达了强烈抗议，但都没有用。美国坚持把琉球等岛屿给日本"托管"。当时的状况是，两岸处于冷战非常时期，所以美日"各个击破"，不顾我们的强烈抗议，瓜分我们的领土。鹬蚌相争，渔翁得利，日本在这个合约中捞到了许多好处。

所以，钓鱼岛问题是兄弟阋墙造成的悲剧。

台湾民众更关心钓鱼岛渔权

记：今时今日，虽然两岸还处于对峙状态，我们也希望钓鱼岛历史悲剧不要重演，但台湾民间好像不这么看。

李华球（以下简称"李"）：说实话，谈"主权"那是高层关心的事，民间只会关心"生活是不是安定，两岸关系是不是和平，会不会向好的方向发展"。所以，他们对钓鱼岛主权的问题并不太关心，更关心渔权。

可能在台北有一些保钓的呼声，但你若到中南部去，说保钓根本没人理你，台湾水果卖到大陆、虱目鱼契作的话题更能引起他们的注意。这就是台湾的现状。

记：对！我在台湾驻点时，有一次参加大学校园办的保钓论坛，结果发现，大学生们都在讲"地球村"。他们觉得，保钓是

"老人"干的事，他们更愿意去为"都更案"静坐，为民生议题走上街头，而原因只是"大家都去了"。

张：台湾与国际社会脱离已久，年轻人越来越不关心国际政治。他们只关心大学毕业后会不会找到一个好工作、苹果手机换了第几代……哪像我们当时，"一寸山河一寸血"那样的情怀。

这样的现状，会让你有无力感。说实话，我们这些读书人，也完全是凭良心在做研究，在写字，在呼吁。

渔业谈判是响应岛内民意

记：马英九在年轻时候也是一位狂热的保钓分子。基于这一点，有些人冀望他能高举保钓大旗，在日本面前显示强硬态度，甚至和大陆联手保钓。可是现在看来，他始终在保钓问题上躲躲闪闪。为什么他会出现这种反复的做法？

李：马英九在哈佛大学的博士毕业论文就是关于保钓的，可以说，他从年轻到现在都在高度关注钓鱼岛问题。但现在他是一个领导人，有些事，他也要照顾民间的感受。比如，台湾民间关心渔权，宜兰渔民几次跑到钓鱼岛抗议，做出激烈的举动，这些民间的呼声，领导人都要做出回应。所以台湾要和日本谈渔权。

记："台日渔业协定"签署的时候，大陆的网民蛮揪心的。

李：许多人认为渔业谈判是日本对台湾做出的让步，我不这么看。钓鱼岛的主权就是我们的，哪有什么"让步"之说。我来自屏东乡下，生长在一个叫东港的小渔村。虽然我家不是渔民，但从小我就听邻居长辈抱怨，日本人对钓鱼岛的渔权管得是越来越紧，害得大家损失严重。特别是石原宣布"购岛"后，日本的强势做法引起了台湾民间的巨大反弹，民众对渔权的紧缩十分不满，也一直呼吁"政府"要去和日本人谈判。

记：所以，台湾当局就去和日本谈了？

李：马英九连任以来，民调一直低迷，特别是在"美牛""核四"等议题上反对党不断发难，使得"政府"越来越不得人心。所以，他以"帮助民众维权"这样一个态度，去和日本谈判，也算是对民间呼声的一个回应。

在台湾，做一件事都要取得大部分人的维护，否则便困难重重。所以，我认为，马英九也有他迫不得已的地方。

记：大陆网友有这样的看法，马英九在追求他的历史定位，如果在钓鱼岛问题上，他能有所建树，不就确定历史定位了吗？

张：以马英九的个性，他很难在钓鱼岛问题上有所突破。我观察到，马英九上任以后，执行的"外交"政策是"亲美、友日、和陆"。所以，只要美国挺日本，台湾就不会和大陆联手保钓。

李：我想，马英九寻求的历史定位是"在任内两岸关系和平，向好的方向发展，谈判进入深水区"。现在，他的任期只有三年多了，钓鱼岛的问题从二战以后就一直摆在那里，一甲子以来都无法解决，他只有短短的三年，怎么搞定？而且，钓鱼岛的问题是一个国际问题，台湾在中间没有发言权。

记：那在您看来，今年保钓怎么再继续下去？

张：我觉得，两岸可以共同发布"保钓白皮书"，表达我们的立场。当局不敢做，可以通过两会平台来做，或是学者来做。我们要发出"两岸联手保钓"的呼声。

2013 年 4 月 20 日发表于《海峡导报》

第四章

我眼中的大人物

因为驻点采访的机会，可以偶遇很多大家平日里在电视上才能看到的"大人物"，发现他们的另一面。比如可爱地吐着舌头的吴伯雄，刚刚从电梯里出来的郝柏村，还只是民进党主席、带队在街头"扫街拜票"的蔡英文，在新北街头晨跑的罗宗盛……

再比如，有一次我去采访国民党中常会，正举着相机拍得入神，一个不小心镜头盖脱手，砸到了一位正在低头看稿的国民党中常委。他飞快地转头看是谁胆敢在中常会上"暗算"他，我赶忙满脸堆笑说："抱歉，手滑没抓住。"他抚了一下被打痛的头，大人有大量地笑笑说道："没关系。"处理完"暗算中常委"危机，我一抬眼，看到对面正在微笑看热闹的另一位中常委厉耿桂芳。

我学油画出身，练就了敏锐的观察力，对细节十分敏感，也很喜欢思考。而这些近距离的接触，也让我有机会去观察、揣摩这些台面上的大人物：他们真的是传说中那样吗？他们的原生家庭成就了他们身上的哪些特质？他们的人生阅历对其价值观有何影响？记者的使命就是要接近真相，我调动起自己所有的社会学知识，试图把这些高高在上的人"拉下神坛"，看清他们的每一个毛孔和血管下奔流的血液。

头发越来越少的马英九

要说台湾，我第一个要说的，一定是马英九。

马英九这个名字，读初中的时候，常听爸爸在饭桌上提起。

我的爷爷是国民党员，老家龙海县志有记载，1947年，爷爷林开方曾经率团访台湾，还受到国民党少将陈达元的接见。2009年，一甲子之后，作为驻点记者的我踏上台湾的土地，心潮澎湃，我对自己说："这是我爷爷到过的地方。"

我父亲是文人，因爷爷的关系，他对台湾有一些特别的情感。他说到蒋经国，说他的秘书叫马英九，是个又帅又有才的青年才俊。父亲说，中国人，"九"是至尊之数，这个年轻人日后定有作为。

让我没有想到的是，若干年后，这个叫马英九的男人，真的就如父亲所言，成为这个岛的领导人，我更万万没想到的是，这个人能活生生地站在我眼前。不，是我站到了他的面前。

我在电视上无数次看到过他，以为他很高，及至到了眼前，不伟岸，还有点清瘦，走路步伐不快，讲话一板一眼，带着台北斯文男人特有的腔调。有意思的是，不管别人怎么无理地挑衅他，他总是只回四个字："谢谢指教。"

查资料，他身高 178 厘米。当他跟国民党最矮的中常委赖素如合影（赖素如身高只有 140 厘米多），他显得十分伟岸。而当他站在中常委连胜文身边（连自爆身高 195 厘米），他立马显得矮小了。

你看，人的眼睛是会骗自己的。

但人们记住的是，他是迄今为止中国国民党最帅的一位党主席，是 1949 年以后，首位实现两岸领导人会面的台湾地区领导人。这，就是历史定位。

在台湾地区领导人的位置上八年，这个人，不容易。八年岁月，佝偻了他的腰身，他后脑勺的位置，已经微微脱发，出席公众场合，老态初现。八年时光，不应该让一个人凋谢得这么快。

2008 年，他顶着"政治明星"的头衔，以 765.87 万张票、58.45% 的得票率高票当选。彼时的他，眼神清澈，身姿挺拔，气宇轩昂，脸上满满的胶原蛋白。女粉丝为他痴狂，媒体以"梦中情人"定位他，"时代万人迷"的光环，非 2008 年的马英九莫属。

2009 年，他高票当选新任国民党主席，得票率为 92.51%。10 月 17 日，国民党举行第 18 届党代会，马英九在新北宣誓就职。他意气风发，从即将参选县市领导人的候选者手中一一接过党旗，迎风挥舞，似在指挥万马千军。那一天，前主席吴伯雄退位。吴伯雄发言时毫不避讳："当他（马英九）说要兼主席，我 70 岁的写真集就出来了。"他说，为了党政合一，为了让小马哥与党双剑合璧，他必须让路。

那一天，我在现场，挂着相机上蹿下跳做图文直播。会场划了记者区，我这个来自地方小媒体的记者，被分在最外围，100多米开外的主席台上，人看过去都只有铅笔大，要看清面部表情还得用摄影机镜头拉过来。但是，谁拦得住一个上过汶川的资深记者？我找了个空档，毫不费力"带机过人"晃进了第一排，以便更仔细地观察。

我看到一个细节：当天，吴伯雄的长子吴志扬参选桃园县长，马英九从吴志扬手中接过党旗，回头看向台下的伯公，脸上满是谦卑的笑容……政治家的舍与得，从来就在这春风拂面云淡风轻之间。

也是那一年，他为国民党县市长辅选，所到之处万人空巷。女生们恨不能"烂嚼红茸，笑向檀郎唾"。我的一位女性朋友，挤进人群跟他握了手，几乎嗨翻，发誓"一个月不洗手"。

借着"马旋风"的热力，2010年，2011年，两岸进入"蜜月期"，签署了ECFA，启动经济往来，开放了陆生赴台，陆客自由行也正式上路……两岸交流的大门打开，赴台湾求学、旅游，一时成为民间热潮。

他做这一切，为的是两岸和平，百姓免遭战乱。

然而，马英九是在香港出生的外省人，在台湾，这就是他的"原罪"。两岸从1945年回归以后，向往"红色祖国"的思潮被一步步操弄成了"仇中"，"二二八事件"被操弄成了"外省人屠杀本省人"，一个身在台湾的外省人从出生起就必须背负原罪。

民进党不由分说地给他扣上了一顶"卖台"的大帽子。民进党心心念念的是要"卖"给美国和日本，所以，他们从心底不认同和大陆亲近，认为这样会"自降身价"！

有些人的个性是，我做我的，随你说去，只要问心无愧。可马英九不是这种人，他是天生的"三好生"，想要当一个"完美的好人"。被骂急了，他也只会说"谢谢指教"。他政策摇摆，只为讨好民进党当"全民总统"，结果不但没有讨好到对立面，自己的支持者也开始失望，为他抬轿的越来越少。

2012 年，马英九竞选连任，投票率仅为 74.38%，他赢得并不太好看。有媒体称，"后马时代"已经到来，此后，他的民调节节下滑，直到 9%，被冠以"跛脚马"的称呼。

2012 年的他，开始显现疲态。

不论是在保钓议题，还是两岸议题上，他越来越贴近庾澄庆唱的那首歌：只有我，最摇摆……而摇摆的结果，就是反对者的步步紧逼。而这个时候，我突然发现，有一次记者会上台湾时事评论员南方朔痛骂他"崇祯皇帝"，也不是全无道理，虽然彼时我举手提问怼了南方朔："你不在其位，又焉知他的难处？"把老人家气得脸一阵白一阵红。

后来，反服贸的"太阳花学运"爆发，学生们冲击"立法""行政"两院，"政府"的威信荡然无存。那时候，他出来讲话，一样是斯文的语调，文雅的仪态，相比陈水扁在"百万围城"倒扁时，耍流氓还做出大拇指向下的挑衅动作，我不知是该夸他的修养，还是该骂他的文弱。用民进党人的话说，就是发言没有"力道"，无法震慑一干捣乱的"牛鬼蛇神"。

最后，混江湖的白狼出来了，剧情马上反转。

一开始，白狼也是斯文地讲道理，底下的民进党拼命呼"黑道黑道"，聒噪不已。一分钟之内，白狼怒了，大骂："你们这些民进党，白天喊黑道，晚上叫大哥，你们谁没有收过黑道的钱？"然后，一个个点名，抖出他们的老底，几分钟之内，民进党全体肃静！你看，这就是台湾政治的悲哀。

而误入丛林的马英九，走得踉踉跄跄，步步惊心。

不过，没关系，我想，历史会还他一个公道。

2016 年 5 月 19 日完稿于厦门

星云法师说"习马会":有情有义最好

2014 年临近春节,我接到佛光山的邀请,他们准备在春节办一场灯会,而灯会之前有一个新闻发布会,邀请我去高雄采访。

我问:"星云法师会接受采访吗?"

电话那头说:"会。"

我马上答应:"我会去。"

我去过佛光山无数次,但采访星云法师是第一次。而我想问他的,也只有一个问题。

因为法师年事已高,而且带病在身,没有安排单独访问,只是给了我一个提问的机会。但对于我来说,这个机会就已经很难得了。但是现场也遇到了问题,就是星云法师有很浓重的江苏口音,我这个福建人只能听懂一半。还好现场有个同声传译的大屏,实时翻译星云法师的话显示在大屏上。

果然点了我提问。我于是抛出自己的问题:农历马年,您对两岸有何祝福?对"习马会"有何期待?

前面一个问题是铺垫,后面一个问题才是重点。当时,盛传"习马会"即将举行,我想听听得道高僧的看法。

他说,希望两岸处理问题时能摒弃意识形态,也盼望两岸人民都幸福快乐。"谈判不要慢慢谈"，应该加速和平及友好，不要僵硬、执着，有情有义最好。他对"习马会"乐见其成，也希望一些问题能解决得更快。而对于台湾政治，星云法师勉励台湾政治人物，应该为民众幸福安乐服务，不要为个人权位斗争，"斗来斗去自己不快乐，人民也不安宁"。

说实话，当星云法师说完这些的时候，我有点懵，大致是听懂了应该加速和谈，但是他开出的"药方"是什么，似乎说了，又似乎没说。

直到隔年，"习马会"在新加坡举办，之后两岸又经历新冠疫情之灾，"三通"几乎全线中断，我才悟出他所说的十二字箴言"不要僵硬、执着，有情有义最好"。

在星云法师看来，两岸苍生的幸福，是重中之重，战争会导致生灵涂炭，两岸中国人更不应该自相残杀，慈悲为怀才是大智慧。战略上慈悲为怀，战术上要灵活。处理问题不应僵硬刻板，不要墨守成规，要大胆开拓创新，更不应该执着于一些小细节，而延缓了前进的步伐。

法师认为，处理两岸问题，要带着情。两岸都是讲感情的中国人。比如夫妻，哪怕彼此再爱对方，也会有七年之痒，也需要一个互相磨合适应的过程，所以争吵是磨合必经的历程，但吵着吵着就吵出了亲情，夫妻最后变成亲人；比如父子，有时会口角，甚至用很绝情的言语刺痛对方，但只要骨肉亲情还在，总有冰释前嫌的一天；比如兄弟，哪怕因家产起争执，但大家讲一个"情"字，就能以和为贵互相尊重，就还是一家人，也总能找到相处的最舒服的方式。

再就是中国人讲"忠义"，讲"礼义廉耻"。物以类聚，人以群分，血脉里共同的价值观和世界观最终会让两岸中国人走到一起，这是任何力量都阻挡不了的。所以中国人应该有自信，有自信才能牢牢把握主动权。

《红楼梦》里说，不是东风压倒西风，就是西风压倒东风。世界百年未有的变局被映射到了一个小小的岛上，飘摇动荡，风大雨急。然而，"台风"虽然会暂时带来风雨，但也是大自然的一种自我调节方式，相信总有雨过天晴的一天。

2021 年于厦门

一柱擎天　横空出世

2015 年 6 月 14 日，从上午 10 时开始，我的朋友圈被一名叫"洪秀柱"的女子刷屏！而此时，许多媒体朋友还未回过神来——她是谁？

14 日，她获中国国民党提名，可能成为继李登辉、陈水扁、马英九之后的第四位台湾地区领导人；她中学训导主任出身，如今官拜"立法院"副院长，江湖名号"小辣椒"；她 67 岁，从政 25 年。

从无人看好，到声望爆棚，这个热辣辣的女子迅速崛起，以国民党新共主之势，排山倒海而来。

然而，你可能不知道，这个掀起惊涛骇浪的小女子洪秀柱，她的身高，目测只有 150 厘米多一点。

你可能以为，大概只有跟身高 140 厘米多的赖素如站在一起，她才能显出些许气势。你错了！洪秀柱的气势不在身高，在眼神，凌厉的眼神。于是你又以为，柱柱姐是那种能杀人于十步之外的江湖高手。你又错了！洪秀柱的眼神里，有种"你再看我，再看我就把你吃掉"的霸气。

第一次近距离观察洪秀柱，是 2009 年，在一次国民党中常会前。离开会还有一段时间，大部分中常委都还没到，记者们提前安检进场，气氛有一些随性和散淡。

她在会场门口，被一堆女记者围堵。她与她们随口拉家常，那种亲密无间开怀大笑的情景有着一股浓浓的八卦味道……没错！在女生分享八卦的场合，友情指数绝对是直线上涨。

作为比较崭新的面孔，我厚着脸皮冲进她们的八卦圈，递名片。她双眼看定我，微笑，双手接过名片，90度鞠躬，说："你好，欢迎欢迎！"

这一套礼仪，别的采访对象也会做。但比如连胜文，他接名片的时候，虽然也说"欢迎"，但他耷拉的眼皮和疲惫的嘴角，都无声地宣示"别来烦我！"

但洪秀柱不是，她看定了你，眼神迅速从八卦圈切换出来，亲切而真诚。她给人的第一印象，就是这么简单利落、天然纯净。

时间切换到2014年，海峡导报15周年，我受命去请她题词。接到函件后，第二天她便委托助理罡哥把墨宝给了我。她写了"秉春秋笔论天下事 聚新闻焦做两岸桥"，走字行文亦如其人，利落大气。

这样的风范，让人不禁怀疑，"小辣椒"是不是浪得虚名。不是！她一样骂得了仗，打得了架，能在遵从丛林法则的台湾"立法院"存活下来的女人，绝不会简单。

你看，她敢作敢当，想站出来参选，就大大方方站出来。男人不敢上的时候，她顶上。堪称"妇女半边天"的生动典范。

而对付蔡英文，就连"妇女之友"小马哥也无可奈何：下手重了，人家抹眼泪；下手轻了，骂你"娘娘腔"。愣是轻不得，重不得。活活被动挨打，还得赔笑脸。

而热辣辣的小辣椒，一上来就掐准了蔡英文的软肋："敢不敢跟我比穷？"蔡英文马上矮三分了！当年陈水扁喊了半天，也就是"三代贫农"，而人家洪秀柱是根正苗红的"四代贫农"！整个绿营傻了眼，集体假装没听到！

然后，洪秀柱又丢出另一张王牌："敢不敢跟我用闽南话辩论？"要知道，闽南话是绿营的神主牌，台北长大的富家女蔡英文从小没有机会好好学习，一下子露了怯。绿营再一次集体噤声。

这个场面，让蓝营怎一个"爽"字了得。从2008年以后，被动挨打，被扣"红帽"，已成了家常便饭，想不到忍者神功也有破功的一天，真是大快人心。

于是，仿佛西天取经的孙猴子，洪秀柱遇妖除妖，见魔降魔，历经九九八十一难，终于把自家旗子插上蓝营山头。

她说，"进厨房就不怕热"，可以想见，接下来的选举路，不会好走。

就宛若她的人生，没有偶然和果然，只有必然！

2015年6月11日完稿于厦门

"这一路走来的我"——李安谈成长史

　　第一眼看到导演李安，你就会明白，他为什么选梁朝伟演《色·戒》的男一号，因为梁朝伟有着一双和他一样敏感而忧郁的眼睛。不过梁朝伟的忧郁是"作"出来的，而在李安的眼神里，还藏着一股反叛和倦怠，就像他说话的姿势，那么懒洋洋，那么随性，可吐出来的句子却像戟又像剑，蕴含着肃杀之气。这让人想起他的一句话："《色·戒》是我拍过的片子里，层次比较丰富的。"

　　可以把李安看得这么清楚，是因为他回到了故乡台湾，情感真实流露。2009 年 10 月 8 日晚，李安应邀参加"国际名家论坛"在台北"中油"大楼举办的《这一路走来的我—— 从台南的泥土谈起》讲座，同年轻人一起分享他一路走来的成长经验。

与父亲"厮杀"：从被父权压抑到理解

　　李安 1954 年生于台湾屏东，父亲李升是台南一中的校长，治家严格。

　　小时候的李安在花莲成长。"花莲的生活很单纯，泥土性很强，那是一个典型的国民党军公教环境，接受美式自由开放的实验教育。一直到了台南，才有'外省小孩'的感觉。"10岁时，李安搬到台南，感到极大的反差，"老师、校长都讲闽南话"，而且台南推行的是日式教育，"到台南上课第二天，数学考不好被打耳光，打完还要谢谢老师"。

另一件让李安难堪的事情是，16岁那年，他升入台南一中，校长就是他的"父亲大人"。"在学校里远远看到他就绕路走，遇到也不知道该怎么称呼"，羞涩的少年，难言的心绪，这些都成了藏在李安心底最深的痛楚。

中学毕业后，两度高考落榜，李安在父亲失望的眼神中就读了一所艺术专科学校。暑假的时候，他开始演戏，并四处巡回公演，那时的他是快乐的，可结束公演后要回家时，他就开始忧郁紧张了。及至到家，父亲在饭桌上看到他演戏累成的黑瘦模样，就开训："什么鬼样子！"李安把筷子往桌上一放，走回房间，把自己锁在房里。成年后的李安出书自曝："这是我第一次'犯上'。"

与父亲的爱恨纠结，压抑的叛逆反抗，都在父亲过世那一天彻底平复了。李安回忆，那一天，父亲12点要火化，身为长子的他把时间掐到精确至秒，"因为父亲一生都是一板一眼的人"。

这是李安生命中的一个重要阶段，在这个阶段里，他经历了从对父权的畏惧、反抗，到理解："儿子要把父亲'斗倒'才能出线，就像狮子一样，这是人类的天性。也许父权就包含了暴力对抗的成分在里面。"

这些理解，以及对人性的解剖和自我反省，都出现在李安的作品里。在他的电影里，"父亲"代表了文化与政治秩序、心理秩序。他说："拍电影要越乱越好看，然而生活却是靠传统礼教来稳定、发展，纪律在这个时候珍贵无比。"

李安对父亲的又爱又恨，对父权的反叛及沉溺于它所带来的安全感，在《色·戒》中得到了完全释放："人与人的关系要有信赖亲切感，不是靠革命就能一夕推翻。"

与自己"厮杀"：反叛自己得到重生

叛逆，离经叛道，是李安对拍《色·戒》那个"自己"的评论。

李安自称《色·戒》是最"翻脸"的一部作品：父权崇尚的秩序是"大丈夫效力沙场，小女子舍身报国"，但王佳芝在易先生、老吴等人为代表的父权面前，用女人的性心理把它彻底打破了，有摧枯拉朽的力道。

李安说，自己的反叛期到四五十岁才开始，在《色·戒》中被带了出来。他形容当时自己的心理，"非常不安和大逆不道"。在拍摄前的准备过程中，他就一度大哭，想要放弃。期间，因为受邀去看瑞典电影大师英格玛·博格曼的电影展，见到博格曼本人，李安才重新找回自我，找到拍下去的力量。博格曼给了李安一个深深的拥抱，李安说：这个拥抱"很软很软，像母亲一样，把我35年的纯真都拿走，让我觉得人生很有意思，好像又有了力气把片子拍完"。

《色·戒》播出后，取得了很好的票房。李安坦承："我不晓得为什么会拍这个电影，也不晓得为什么会有这个效果"，那时候"是张爱玲找到了我"，就像被"上身"一样。

而李安也曾因为汤唯和梁朝伟的信任，压力大到在片场失声痛哭，反而是梁朝伟出来劝他："导演啊，我们只是在做做样子，你自己要保重。"

反叛到最后，是生还是死，也是《色·戒》留给大家的思考。李安在《色·戒》中选择了用"生"的方式来处理，"你如果说易先生不爱她，我不相信"。

这也得益于父亲给李安的教育，"写字要回锋，走到尽头时要回来，要圆润才完整、好看"。这让他学会了对人、对相反的意见，都要给他们一个回转的余地，要给一些爱、一些关切，留一个活路，才能给人想象的空间，"当他冰冷的时候，你讲什么他都不会同意"。

电影首映时，李安特地请人潜入电影院的厕所偷听观众的反应。有趣的是，男厕里鸦雀无声，女厕里叽叽喳喳，讨论很热烈。

与电影"厮杀"：电影伤人，也会滋补人

电影让李安痛苦，让李安快乐，让李安伤神，反过来，它又"滋养"了李安。

李安说，开始拍片时是快乐的，拍到一半发现电影本身比人还强势，期待大，会心慌，会孤独，会怀疑自己，一切都在黑暗中摸索。像拍《卧虎藏龙》的时候，心理几近崩溃："接的时候是正常的，但拍到一半时，就觉得武侠片是一个烂片，完全是胡

说八道，而自己又拿了人家那么多钱，又做不到最好，不晓得该怎么办。"而李安在《卧虎藏龙》《绿巨人浩克》之后萌生退休的念头，却在父亲鼓励之下，拍出了《断背山》。片子一发精神就来，他又拼了半条命拍《色·戒》，而最新作品《胡士托风波》充满纯真，开心无比。

李安发现，"原来电影除了伤人还可以滋补人"。

在李安的理解里，没有一个人是强大的，因此每个人都需要爱和保护。"像从前看父母，好像他们会很有办法，很强大，现在我们到了父母的年纪，就知道他们也常常会怀疑，会很虚弱。"

但人生就是这样，总是要继续下去，只好不断地"死去"，又不断地"复活"，在电影中周而复始地轮回。

2009 年 10 月 13 日发表于《海峡导报》

庄奴老矣，尚能"词"！

庄奴，与乔羽、黄霑并称词坛"三杰"。原名王景羲，1921年生于北京，1949年到台湾后，庄奴当过记者、编辑，演过话剧，但以音乐创作彰显声名，尤以流行歌曲最为人津津乐道。

88岁，许多人在这个年纪，只能瘫坐在轮椅上，"忆往昔峥嵘岁月稠"了。可这位创作过《甜蜜蜜》《小城故事》《海韵》等潋滟歌词的多情才子，仍反复蒸煮着胸中的滚滚红尘，在山水间流连、放歌。

近日，庄奴应友人之邀来厦相聚，我也有幸与庄老相见欢。

迎面，一老者缓步走来，着一件麻质纯白衬衫，花白的头发纹丝不乱，88岁的眼神，清亮、透着慈祥———这就是传说中的台湾词坛泰斗庄奴了。

道一声"阿弥陀佛"，他微微欠身，轻轻坐下。坐前，不忘与大家一一招呼。

寄情诗词，与时间赛跑

写词50载，填词超过3000首，人们称他为"与时间赛跑的老人"。可以说，爱生活、爱生命，是庄奴老而不朽的最大法宝。

"甜蜜蜜，你笑得甜蜜蜜，好像花儿开在春风里"，"又见炊烟升起，暮色罩大地"……在厦门一家街边小店，庄奴喝着饮品，且说且吟，且讲且歌。

与庄奴的对话，煞是有趣。

他的妻子邹麟女士，微笑着坐在一旁，不时大声地重复记者的问话，因为庄老有些耳背。

"现在，我已经写不出'甜蜜蜜'那种意境，要我写，我只能写'苦哈哈'了。"庄奴开着玩笑。

年事渐高，过往的旖旎风情，都已经沉淀为一汪波澜不惊的湖水，庄奴的词里，也更多了对时事的关注和理解。同时，他与邹麟也更多地在外走动，希望祖国的大好河山，能带来创作的灵感。

"这一趟，我们会在大陆逗留到年底。我会到四川灾区去，用我的歌，给灾区人民打气，安慰灾区的孩子们。"文艺作品能带给人愉悦，庄奴以词悦己、以歌悦人，把"独乐乐"修炼到"众乐乐"，这才有了《甜蜜蜜》的流芳于世。

为"团团""圆圆"作词 17 首

2016 年，听闻赠台大熊猫"团团""圆圆"将要赴台，庄奴一时诗兴大发，创作了 17 首词，并请人谱成曲，制成专辑。一旦"团团""圆圆"入台，专辑将同步发售。

"每只大熊猫都像可爱的孩子一样。"庄奴对大熊猫的钟爱由来已久。早在 1993 年，第一届国际大熊猫节在成都举办时，庄奴就应邀与会，并与7位作曲家配合，创作了30首歌曲。

如今，十几年过去了，他对大熊猫的爱依然深埋在心底。"团团""圆圆"即将入台的好消息，引燃了庄奴心里的"火山"，让他的"诗"情再次放马南山，水到渠成。

看奥运比赛，泪洒衣襟

从听到北京申奥成功的消息起，庄奴就兴奋不已。

邹麟说，庄老在学生时代就是运动健将，喜好足球、篮球、排球和田径运动，还为运动受过伤。"呵，看我的手。"庄奴举起右手，比画给大家看—— 无名指侧弯得非常厉害。

因为身体的原因，庄奴无法到北京观看比赛，电视成了连接他与北京的最佳媒介。白天看，晚上看，顾不得年事已高，庄奴成了奥运的忠实粉丝。

因为多情，所以善感，庄奴为冼东妹、张宁、王楠的拼搏精神感动，潸然泪下。抑制不住激动的心情，他为奥运闭幕式创作了《感恩奥运》。

"唯一的缺憾，就是只有两只眼睛，只能看一个频道，"庄奴恨不能把奥运的所有赛事都看个遍，他叹道，"借我一双慧眼。"

2008 年 9 月 6 日发表于《海峡导报》

台湾著名诗人席慕蓉：羡慕舒婷有个美丽的家园

如何　让你遇见我

在我最美丽的时刻

为这——

我已在佛前

求了五百年

求佛让我们结一段尘缘

这一段情话，曾经让多少痴情男女，魂牵梦萦，泪流满面。借着台东县政府与台湾《远见》杂志合作出版《"黏"在台东——12位台东"心"移民的故事》一书的机会，我见到了作者之一席慕蓉。说实话，我一直以为她是纤细、清秀、敏感的女子，但有些发福的她，颠覆了我的想象。记者们称她为"老师"，我想，对一个文学道路上的前辈，这一声"老师"仿佛太轻飘，我想叫她"女神"！可是，她又是那么地谦恭，仿佛尘埃里默默吐香的一朵花：她留着阿嬷们常留的"运动头"，黑色的小洋装十分低调，耳坠是两颗色泽圆润的珍珠……融进人群似乎马上就会找不到。

发布会一结束，众人围上来要签字，她一个个地耐心写上"祝福"二字，再签上"席慕蓉 2014"。粉丝中有年岁已高的老阿嬷，她会站起来扶着她轻声拉两句家常。及至采访结束，她又站起来握着我的手，连声道"再会"。

谈"移民"台东：台东，连云都是有力量的

> 不是所有的梦／都来得及实现／不是所有的话／都来得及告诉你
>
> ——《七里香·送别》

导报记者（以下简称"记"）：是什么样的缘分，让您邂逅台东？

席慕蓉（以下简称"席"）：最初，是我找到台东美术馆，想在那里办画展。可是工作人员问我，您不是写诗的吗？怎么也会画画？我说，我是科班出身的呀，从年轻的时候一直画到现在，写诗不过是我的业余爱好。于是那个工作人员说，那你来好了，因为你的诗，我想来看画的人会多一点。呵呵，后来果然有很多人来看我的画，给了我很多鼓励。

记：您后来就果断"移民"了？

席：当时，我和策展人去走访了台东乡镇，认识了很多淳朴、热情的台湾少数民族朋友，看到了辽阔的太平洋海岸线，我一下

子就被吸引住了，太美了！

记：所以您留了下来，就像县长黄健庭说的"用脚投票"。

席：我一直在画画，在淡水还有一个画室。台东自然景观提供了创作的灵感和题材。而且，我发现在台东的山海面前，一个人的胸襟可以无限扩张；日落的光影变化会跑到人的心里。连台东的云都是有力量的，可以把人的视野越拉越远。

记：还有那些可爱的台湾少数民族朋友？

席：有一次，我们去一个乡下的地方，拜访一个台湾少数民族部落。然后，就来到一家人门口，看到有个女孩，把两条狗绑在一起。我就问那女孩，你为什么要把两条狗绑在一起呀？女孩说，这两条狗一只爱咬人，一只不爱动，绑在一起他们就平衡了！好可爱的女孩啊。

记：那您在台东最大的快乐是什么？

席：我在台东最大的快乐就是，得到了很多好朋友的鼓励和温暖，慢慢安慰鼓励我往前走。从一个小点，到一张网，让我的生命愉快、温暖。

谈观光业与文化保护：真的建设，有时就是不建设

> 他们说　你已老去 / 坚硬如岩　并且极为冷酷 / 却没人知道　我仍是你 / 最深处最柔软的那个角落 / 带泪并且不可碰触
>
> ——《七里香·莲的心事》

记：您对台东的发展和建设，有一些不同的看法？

席：我其实很佩服台东县的助力和改革。但是，说实在的，我很害怕这个东西。我说，我喜欢，可凭什么说我要做这个做那个，而没有去问家里的主人一句话。我说，我爱台东，想做"心"移民，却没有问这个家里的主人："你欢不欢迎我进来？"当客人想要改变主人的客厅、饭厅、图书馆甚至文化的时候，可不可以先慢一点，先去问一下主人说，"你们同不同意"？

记：要充分尊重当地少数民族的意见。

席：有时候，真的建设就是，不建设；有时候，真的建设，不是在表面，而是要让那里的医疗、教育更发达。而不是说，让观光客可以很快到台东。

记：那有没有什么办法，可以既让观光客来了，又照顾到当地少数民族的意愿？

席：我们进去，只听到歌，只看见舞蹈，却没有什么样的课程，让所有去的人去学习，去尊敬当地少数民族。比如说那里有一棵神树，如果他们自己要进去要有很多复杂的程序，但我们的观光客在那里走来走去，却没有去问一下他们。所以，我们这些外人，想要去做"移民"的时候，能不能先问一下当地少数民族，我们能不能到你的家里去？我很爱台东，有大陆来的朋友，我也会带到台东去。但咱们进去前，得先征求一下主人的意见，定一下长远的目标，这样不会让我们进去的时候，一方面兴高采烈，一方面又心怀内疚。

记：所以，您还是很担心，那里的文化遭到破坏？

席：保留了这样的好山好水，是他们的文化里跟大自然和谐相处的结果。我们进去的时候，只看到了表面，却没有想到那个保存了5000年的文化，本身是很脆弱的。我们到20世纪60年代才注意了环保，可是台湾少数民族的文化本身就是环保。我们觉得文明是建设性的、便利性的，却没有想到，文明有时候本身就是破坏。

谈美丽的厦门：鼓浪屿和舒婷是很美的组合

一个从没见过的地方竟是故乡 / 所有的知识只有一个名字 / 在灰暗的城市里我找不到方向 / 父亲啊母亲 / 那名字是我心中的刺

——《七里香·隐痛》

记：很多地方都有这样的矛盾，比如厦门的一些景区，一方面，它需要经济的发展，另一方面，却又因为游客太多，破坏了那里的环境。

席：经济的收益我不反对，我们讲我们要做世界第一，但做世界第一的那个国家，前50年是好的，可是50年之后就被破坏了。我想，如果我们穷到活不下去了，那么我们难道不应该去做一些改变？可是那个贫困的造成，是世界文明需要这种条件，可少数民族住在那里，却是自给自足的生活方式，我想这是一个矛盾。我不反对文明，我自己也深受它的便利。但是要不要考虑慢一点？我们在别人家里，我们帮他粉刷墙壁，我们帮他换桌椅，我们帮他换窗帘，可是却没想到，那个窗帘的颜色代表的就是他们的文化。

记：您现在住在台东还是住在淡水多一点？

席：我还是住在淡水，20多年了，我一直住在淡水。但是我的心在台东，我喜欢做台东"心移民"，我喜欢这个称呼！

记：您是蒙古族人，台东的辽阔、自由自在，那种自然的感觉，可能跟您在精神上，会有一个契合。

席：啊，那种深度、广度、影响的程度，我觉得太超过了。我觉得台东有一种精神，那也是大陆朋友很喜欢的，那就是一种很诚恳、宽心的感觉……这种感觉，很难用文字来表达。

记：那您有写过关于台东的诗作吗？

席：还没有。我想，我还要再多住一阵子，才能写得出来。

记：您到过厦门吗？那里有一位很著名的诗人叫舒婷。

席：到过一次而已。啊，舒婷，我们是朋友，我去过她家。

记：舒婷的家在鼓浪屿，也是一个很美的地方！

席：对，尤其是舒婷在那里。我想到舒婷，就想到鼓浪屿；想到鼓浪屿，就想到舒婷，这是一种很美的……组合！我很羡慕，羡慕她有这样一个美丽的故乡！

2014年1月22日发表于《海峡导报》

第五章

时代中的小人物

我出去旅游时有个习惯，每到一地，都会跟当地的出租车司机聊，因为在我看来，这些人物集中起来就是一幅活生生的地方浮世绘。所以在台湾，我遇到了很多这样的"小人物"，接触他们，我仿佛在触摸台湾的灵魂。

　　2009年我第一次去，那时大陆还没开放自由行，台湾街头的大陆人比大熊猫还要稀罕。我打了一辆出租车，那个司机听说我是大陆人，就打开了话匣子，说他到大陆探亲的经历。他很热情，描述了大陆乡亲的淳朴，以及大陆"一块钱"都很"大"的"穷"。我没好意思告诉他，我当时的月薪已经有1万多元人民币。我就默默听，点头微笑。完了他很自豪地问我："你说台湾好吧？"我仔细地想了一下，告诉他："台湾确实很好。可对于任何人来说，外面再好，也比不上自己的家好。"他听完，扭头认真地打量了我几眼，说："你是我认识的大陆人里面，比较老实的。"

　　还有一次，我和另一位驻台的妹子去一家小餐厅吃饭，点完菜，老板娘问我们："要不要加一份'烫大陆妹'？"我俩生生吓了一跳，齐齐问道："什么叫'烫大陆妹'？"老板娘解释，就是烫生菜。可是生菜为什么叫"大陆妹"？我俩又一起追问。可能看我们脸色不对，老板娘忙赔笑脸说道，生菜鲜嫩水灵，大陆的妹子也都很水灵哦，要不要来一份？从此以后，在台湾不吃生菜，但仍不免时不时要听到那一句"要不要烫一份'大陆妹'"。

60年，两岸资讯不通，大家看到的对方，都是刻板印象，有的是电视里看到的，有的是接触到的个别人，有的是别人口耳相传的……但是，真正的台湾人和大陆人，都是什么样的呢？

我想，14亿加2300万个人里，就有14亿加2300万种答案。

带我尝遍台湾"古早味"的张泓光

认识泓光，是因了《海峡导报》和台湾《民众日报》的合作。他是《民众日报》的副社长，我是《海峡导报》台海新闻部的副主任，因此业务上有诸多交集。2008 年流行的即时通信工具是 MSN，所以我们经常通过 MSN 聊天，传稿，沟通业务。

2009 年以前，我们去台湾不方便，基本都是他来大陆。而他若来大陆，必然会来导报，而每次来导报，必有一场"大酒"。那酒有多"大"呢？据说那时有位很喜欢他的福州姑娘，有一次他到厦门，姑娘便从福州赶过来看他，结果他出席了导报的酒会，姑娘便独自去酒店安顿下。那晚泓光是被大家扛回去的，江湖传闻他到酒店已经吐到不行。姑娘看他这样，以为自己不受待见，一生气连夜出走，一段姻缘也因此无疾而终。

后来，泓光娶了《民众日报》的台南特派，我们便常常开他玩笑："那天要不是那场大酒，你也娶不到璟华。我们都是你的媒人哦！"

2009 年 12 月，我第一次去台湾驻点。隔着海峡，独自一人来到一个陌生的地方，心中难免有些许惶恐。然而，当台湾海关的那扇大门打开时，我第一眼就看到了推着行李车等候在外面的泓光，那下，心安定了——娘家人在呢。

他开车把我送到酒店大堂，说："你先上去安顿一下，过半个小时我打你电话，你再下来。"我说好。半个小时以后，他没来电话，我以为他忘记了，就继续收拾行李。然而，过了大概15分钟，他来了，带了两碗热腾腾的阿宗面线，让我带上楼去当夜宵。后来我才知道，阿宗面线是附近西门町最好吃的台湾小吃，每次路过，排队的人都要贯穿半条马路，可见他那天是排了很长的队。

那时的泓光已经年近五旬，他早年当过台湾"中央社"的记者，有十年时间派驻在俄罗斯，因此有许多俄罗斯的采访故事。而且他又特别话痨，所以每次跟着他逛台湾的夜市，寻小吃的时候，耳边常常展现的却是俄罗斯的风土人情。真是奇妙的组合！

底层生活缩影——华西街夜市

前几年，一部台湾电影《艋舺》盛行，让大家看到了最原始的台湾味。而"艋舺"的发音，来自台湾少数民族平埔人，意为"小船"，指早年当地船舟聚集。在清嘉庆末至同治年间，艋舺是台湾的重要港口，人口密集，贸易繁荣，及至道光时，已有"一府（台南）、二鹿（鹿港）、三艋"的名号。

后来，就有了华西街夜市，呈现出台湾最底层民众生活的缩影。华西街夜市位于万华街区，这个街区住着的都是老台北人。清晨的万华街区，有着骑楼，有着大片的木板门。空气里氤氲着汽油、海水的咸腥和雾气，这一片慵懒的景象和熟悉的气味，让我恍惚间回到了厦门的大同路老街。

泓光出身绿营政治世家，他的叔叔是民进党创党元老张俊宏，他的婶婶是民进党"阿嬷"许荣淑。在他讲述的过往生活故事中，施明德、陈水扁都是常客。他在外派俄罗斯驻点十年期间离了婚。从俄罗斯回台后，他加盟《民众日报》，因为工作上的合作，年龄相差近 20 岁的我俩成了忘年交。

泓光带我去夜市前的龙山寺拜拜。我说，在我们厦门晚上是不能去寺庙烧香的，他说台湾可以。于是我便入乡随俗，点了一支平安香，祈祷自己此次驻点工作顺利，平平安安。

从寺庙出来，我俩去逛夜市，这次他没有讲"二罗斯"（俄罗斯，台湾人念"二罗斯"），而是很专注地给我介绍这个台北的发源地。在他的口述中，我看到了一番如秦淮河畔灯红酒绿绮香弄影的奢靡影像。他说，这里以前是台湾最繁华的"红灯区"，龙山寺是台湾最早的寺庙，这里还有以前民进党早期党外运动时，经常静坐抗议的街边公园。

顺着他的手指向，我看到的是一个寂寞广场：三三两两的老人坐着吹风，百无聊赖；有老太太在兜售祭祀用的香烛和花，那讨生活的渴求眼神令人不忍卒睹；还有一些无家可归的流浪汉，用蛇皮袋装着他们可怜的家当，在发臭的廊道里找一个可以栖身的角落。

繁华消尽的落寞，让人唏嘘。

然而，走过一条马路，立马人声鼎沸起来。华西街夜市近在眼前，当地老住户和日本游客的身影交叉呈现，间或闪过一两团探亲的香港人，还有一两个猎奇的老外。吸吸鼻子，海蛎煎、煮蛇羹、烫鱿鱼、鱼头药膳以及各种海鲜料理的味道扑面而来，我顷刻间味蕾大动。

这样的艋舺，真叫人悲喜交加！

华西街夜市最出名的美食是蛇，有蛇羹、蛇肉，大多卖蛇的店家门口还会摆上几瓶自制的蛇鞭酒。这酒有来头，据说当年在这里买春的客人千金散尽，必来吃一杯蛇鞭酒，酒肉穿肠后，方精神抖擞归家去，继续那平凡生活。后来，鹿鞭、牛鞭大餐也盛行起来，但终归后来者不能居上。

大补的东西我无福消受，我俩叫了蛇肉，看着大师傅当街宰杀，现场烹饪，吃到口中，却是满满的市井的味道。

在夜市的尽头，我俩发现了间奇怪的铺子：店里有两个着统一服装的年轻人，其中一人挥舞着两把雪亮的菜刀，对着一个蒙面人一通 "猛砍"。看到我在 "观赏"，另一个闲着的人挥舞着菜刀就过来了："试试，很舒服的！" 看价格，一次 99 元新台币，除以 5，约 20 元人民币。泓光怂恿我："你试试?"

我说："你干吗不试?"

他笑了，又说："你试试，我付钱。"

这时那另一个师傅拿着刀过来，又怂恿我："试试，很舒服的。" 我于是没有退路了，乖乖坐下，接受刀疗。

负责 "疗" 我的叫李德天，加入了世界刀疗协会，受过训。他先在我的后颈上搽了些类似清凉油的药膏，然后帮我围好围兜，刀就在我的斜方肌上鼓点似的砍下来了。起初有点痛，但比起劳累所致的后颈紧绷、酸痛，这样的痛感似乎更淋漓一些。砍了一两分钟，痛感不见了，取而代之的是后颈的松弛，还有些微麻。

凌晨 1 点的高雄六合夜市

泓光还带我逛过高雄的六合夜市，而且那次是在凌晨，我俩去高雄乡下采访"八八水灾"灾民，回到市区已是深夜，于是就去夜市吃夜宵，完了连夜回台北。

一进夜市，我俩去打气球，因为枪法好，有一次在淡水夜市被一堆人围观，还有一次在台中夜市跟同行的新华社记者比赛，赢了他一百新台币。所以只要看中摊子上的礼物，我是一定会去打的。果然，很轻松地赢了一只半人高的"派大星"布偶，快乐地抱在怀里。

凌晨 1 点多，我俩去坐"阿罗哈"，一种夜行的大巴。车上很舒适，一排两人，一人一座，座椅是半躺的，还有一个可以调整角度的小电视可以看。然而我很累，一上车就睡着了。到了台北已经是凌晨 4 点多，泓光精神还很好，说："继续，我带你去逛早市。"我说谢谢，我要回酒店补觉了，实在困得不行。

很奇怪，台湾的朋友似乎都很喜欢夜游，像时任《民众日报》的社长林文雄和茵姐夫妇，常常是半夜开车带我去基隆夜市逛吃，完了送我回台北，然后他俩再连夜开回台中。

还有一次，泓光也是半夜开车带着我和另一位大陆朋友，走苏花公路。一边是悬崖，一边是太平洋，高速没有路灯，也没有往来的车辆，天地间好像只有我们三个人，还有黑夜里哗哗的海浪声。

澎湖的早市和鲔鱼面线

最后一次泓光带我去出游是在澎湖，他转任《澎湖时报》社长，已经结婚，有了一个两岁的宝宝叫恩纶。他自嘲："我和太太加起来已经快 100 岁了，我们的儿子才两岁。"我说这样恩纶从小接受的是百岁老人的智慧，一定比其他的小孩子聪明。

那一次，我带着一个大陆记者团，我们有 6 个人，拜托泓光调动人脉帮我们安排了一周的行程。泓光带着太太和小恩纶去机场接我们。跟在台北一样，机场门一开，我就看见他推着行李车候在门口，不同的是身边多了一个小恩纶。恩纶看到我们很开心，跑了进来，结果自动门关上了。我弯腰抱起他，走出去。

泓光还是喜欢逛早市。第二天天刚亮，他就带着恩纶到朋友的民宿敲门，我们一行人全被安排在这家民宿里。附近有一个鱼市，全是渔民出海刚刚打捞上来的渔获，十几斤的鲔鱼，满满当当装了一后车斗，就这样开到集市上卖。泓光买了一只，说请我们吃鲔鱼面线。

当晚，晚宴安排在一个沙滩上的咖啡吧，老板陈宏铭是出生在马公的原创音乐人，蔡琴那首红遍两岸的《被遗忘的时光》便是他创作的。就着一把吉他，陈宏铭在沙滩上架起麦克风，大海做背景，为我们唱起了《被遗忘的时光》。而那天正好是我的生日，入夜，泓光买来一个大蛋糕，就着鲔鱼面线和红酒，我们一群人歌兴大发，嗨了起来。

澎湖的夜，人很少，很寂静，我们的歌声，传得很远很远。

2014 年以后，我因岗位调动，不再去驻点。长驻澎湖的泓光也较少到大陆来了，我们只能通过电话、微信偶有联络。近年，他辞去《澎湖时报》的职务，创办了自媒体贝传媒，还是保有他的批评性，和传统新闻人的操守。另外，他还经营了一片葡萄酒庄园，跟我说："你再来台湾，我请你喝我们家酿的葡萄酒。"在他身上，我看到了台湾南部人性格里的乐于助人、善良和热情，以及一旦认了你是朋友，就会毫无保留地付出。

早年，泓光曾经帮我在台湾《民众日报》开了一个专栏——《大陆女记者看台湾》，写我眼中看到的台湾风土人情。据他们报社的同仁说，泓光认为，在我身上，他看到了不一样的大陆人，也刷新了他对大陆人的认知。可惜后来因为《民众日报》股权变更，他也离开了这家报纸，这个专栏也不了了之。但因为他的这句话，我果断开了自己的脸书账号。我想，对于台湾人来说，我们这一个个活生生的大陆人，就是一个个有血有肉的鲜活的"祖国故事"。

2021 年 4 月完稿于厦门

"台湾英雄"曾凤玉：台南辣妈撑起一片天

　　对面这个来自陈水扁故乡的女人，是个"打不死的小强"。这个 48 岁的女人，肤质平滑，穿着雅致，感觉敏锐，目光炯炯。那么娇小的她，往那儿一坐，立刻就有了一股逼人的气势，让你不由得对她认真起来。她就是曾凤玉，2009 年获马英九颁发"台湾英雄"勋章。

　　她的创业故事从借 60 万（新台币，下同）高利贷开始，她用 7 年时间把台南路边摊的担仔面一路卖到了五星级的台北"故宫"晶华；她的情感故事从背负 700 万赌债离婚的单亲妈妈开始，一直到养育三个女儿成年。她的担仔面店，招的工人也大多是单亲妈妈，她成了她们依傍的一棵"大树"，而她自己的感情世界，一直空白着。她直言，自己"永不放弃对好男人的梦想"，但也不会轻易再婚。

背 700 万赌债摆脱赌徒丈夫："这是人生的一次豪赌"

　　对于婚姻，很少有女人敢说离就离。

　　对于沉迷于赌博的前夫，曾凤玉却替他背下 700 万赌债，成功逃离了一段失败的婚姻。

她的赌性从小养成。曾凤玉出生在台南一家职业赌场，爸爸妈妈哥哥姐姐全混迹于赌场内，而曾凤玉自己，"每一种赌博的方法都会"。赌场里的童年不见天日，留下许多不堪回首的记忆。

小学 5 年级时，曾凤玉离家出走，只身到台北一家学校福利社打童工，晚上就睡在福利社角落，因此，台北的冷天气让她印象深刻。此后，在长达 8 年的流浪生涯中，曾凤玉往来于北部和南部，四处为家，做过吧台女、工厂女工、舞女等，直到 21 岁时认识了前夫。

曾凤玉坦言，当时她的梦想就是嫁个有钱人，而前夫家也真的很有钱。结婚的前五年，是她最快乐的日子，生了三个女儿，但好景不长，几年后前夫迷上六合彩。

曾凤玉形容，当时一下子就感觉"看不到未来，而且永远没有终止"。因为她出身于赌场，知道赌这条路走下去是什么下场，而前夫不知道。

她当下就决定："我必须要杀出一条路，我不能永远都停顿在那里，永远都没有未来，所以我决定要赌一把。"当时三个女儿都还小，她忍辱负重，暗暗下定决心，等女儿 18 岁就离婚。

2002 年，终于等到大女儿 18 岁，她以背负 700 万赌债为代价，取得三个女儿的监护权，毅然决然地与前夫离了婚。事后，她形容说："这是我人生的一次豪赌！"

带着女儿向地下钱庄借 60 万："签字的时候，我的手都在抖"

离婚后，曾凤玉带走了成年的大女儿，两个小女儿一个 16

岁，一个 13 岁，都留在夫家，由她出抚养费，协议好等女儿们 18 岁后，再一个一个带出来。

离婚后，日子艰困。700 万的债不能一个子儿一个子儿"攒"出来，必须"赚"出来，这一点曾凤玉想得很清楚，她必须创业。而创业需要资金，负债 700 万的她，已经不可能从亲戚朋友那里借到一分钱。万般无奈下，她想到了地下钱庄。

借款的那一天，曾凤玉带了大女儿前去。虽然经历过很多，但如此签字画押，以九分利借下 60 万，对她来说就像"押上了身家性命"，"签字的时候，手都在抖"。

回忆起这一段，曾凤玉的眼睛有点发潮。可以想象，母女二人相依为命地押上后半生，是怎样的感受。而对于一个母亲来说，所有力量都来自孩子，我揣测这是她带上女儿一起去经受这番煎熬的心理动因。

签下的是 60 万，拿到手的只有 50 多万，第一个月的利息已经被钱庄扣走。"好吧，既然已经一无所有，那我就背水一战吧。"曾凤玉这样想。她拿着这些钱，在台南担仔面一条街开了一家担仔面店，她的竞争对手，是十几家老字号的担仔面店。于是，一边开店一边就有人预言："等着吧，三个月就倒了！"

没赚钱先开出 10 万善款支票："欠了那么多，不在乎多这十万"

虽然出身环境不好，背景不好，没有学历，可是艰苦的童年练就了曾凤玉一身的抗压力和耐力。她很乐观，能在人生最灰暗的时候看到一线光明，懂得怎样让自己的人生"翻盘"。于是，所有等着看笑话的人，都发现自己错估了这个"打不死的小强"一样的女人。他们发现，豁得出去的女人，其实是最可怕的。

开店伊始，债主就排队站在柜台旁等着"领钱"，要是一般人早就垮了，可她是曾凤玉，她不管不顾按照自己的步调走。她与一家慈善基金会取得联系，说好三个月内捐出 10 万善款，而基金会的回报就是带来媒体的宣传效应。

开张第一天，店里出现了一个小小的捐款箱，一碗面 10 块钱，大女儿笑眯眯地站在旁边，告诉投钱的人这些钱都将变成善款。于是，一碗面的内涵，就加进了"坚强单亲妈妈，爱心母女"这样的企业文化。

那一天，吃面的队伍排得好长……连那些等着看笑话的人，都忍不住好奇地加入。

曾凤玉说："我那时候已经欠了那么多钱，不在乎多欠这 10 万。但这 10 万，却真的很关键！"

背水一战的 5 年没上床睡过觉："人生不怕重来，怕的是放弃"

说到煮担仔面，曾凤玉有 20 多年经验，因为夫家开的就是担仔面店。

离婚前在路边小摊煮面，曾凤玉要照顾小孩，面摊的营业时间更是长达 18 个小时。困到不行，她会利用载孩子上下学的停车时间睡觉，"红灯就闭上眼，绿灯时，小孩子提醒，我就继续往前进"。

那时，她开的是仅有两张桌子的路边摊，员工就是放学回家的女儿。她要一早上市场买菜、炒肉臊、熬汤，女儿们放学回家，便帮妈妈准备开店。曾凤玉煮面，大女儿端面，二女儿帮忙整理桌子，年仅 7 岁的小女儿负责洗碗。

离婚后，曾凤玉就是自己和孩子的一片天，她更加用心地经营小店。通常，曾凤玉会在角落准备一张小板凳，待下午客人较少时，坐在板凳上靠着墙角小睡一会儿。五年时间，她的睡眠都依赖这张小板凳。

而对于怎样和传统老店竞争，曾凤玉也动了一番心思，她把担仔面定位为"前卫又古典"，以区别于传统路边摊，吸引年轻客源。同时，她把其他台南小吃也搬到店内经营。这种独创的复合式经营手法，让曾凤玉一举扫平江湖，五年后在高雄及台南拥有了五家分店。

2008 年，台北晶华"故宫"地下室的"府城晶华"开幕，曾凤玉带着她的担仔面成功入驻。她在路边的广告牌上印上自己的相片，写着"阮紧欢喜"（闽南话：我很开心），表达担仔面王国成功的喜悦心情。

现在的曾凤玉，已经是台南的知名人物。虽然情感世界还是一片空白，但是她直言："三个宝贝女儿，才是我最宝贵的财产！"对于另一半，她还在等待状态，"永不放弃对好男人的梦想"。

这一切,就像曾凤玉自己所说的:"人生不怕重来,怕的是放弃。"

2009 年 11 月 24 日发表于《海峡导报》

洪都拉斯：从"路人甲"到红透半边天

他是台湾王牌综艺政论节目"全民最大党"的当家小生，他模仿过的名嘴、艺人、政客不可胜数；他从头到脚都是喜感，连名字都透着古怪；他叫洪都拉斯，本名洪德胜，在圈内，人们叫他洪哥。

与他对话，"笑点"不断：

你帮我看看，厦门的电视台还缺不缺人……

导报记者（以下简称"记"）：洪哥您好，先代表厦门的读者向您问个好！

洪都拉斯（以下简称"洪"）：呵，谢谢。厦门的朋友也认识我吗？在台湾认识我的人很多，但大陆的状况，说实在的，我不大了解。

记：这样跟您说吧，我们报社有个内部网，其中有个文件夹"影视娱乐"是我们的福利，有同事会下载新一期的"全民最大党"放到里面。闲下来，大家会戴上耳麦，在那里边看边笑。其实，"全民最大党"在网络上挺火的，现在这里很多年轻人都认识你们。

洪：谢谢，谢谢！若有合适机会，我到大陆发展的意愿还是蛮高的……你帮我看看，厦门的电视台还有没有缺人（笑）。

记：您之前也有到东南卫视拍过节目，会不会因两岸娱乐环境有很大差别，觉得"放不开"？

洪：嗯，有一点这个感觉。大陆的表演方式和台湾不大一样，不能那么随心所欲，一通乱讲（笑），这样热度就会少一些。不过，大陆主持人学习能力很强，大家相处一段时间下来，慢慢融合，慢慢就培养出了默契。回忆起在大陆工作的那一段时间，其实还是蛮开心，蛮快乐的。

回忆往事，曾经也是"路人甲"：
有过一段时间的沉淀，会更珍惜眼前机会……

记：您在大红大紫之前，做过出租车司机，这中间跨度蛮大的。

洪：20年前，我就在演艺圈发展，后来，离开这个圈子有三年多时间。离开的那段，我开过出租车，还做过搬货司机。

记：什么原因导致您离开？

洪：那时，我在当临时演员，演的都是"走来走去，没有台词"的角色，有时还要帮剧组借工具之类的。总之，觉得蛮悲观的，就想换个工作试试。

记：但最终，您又回来了。

洪：有一次，我遇到许效舜，他建议我说"你很适合演模仿秀"。但我对综艺的圈子不是很熟，后来找到郭子乾和九孔，他们建议我："你可不可以试试演叶教授？"就这样，我就转到了综艺圈发展。后来机缘巧合被王伟忠导演看上，给了我这个舞台去发挥。

记：叶教授？

洪：他是名嘴，帮人看风水，当人生导师那一类的，在台湾东部有很高知名度。那时，我已无退路了，想着如果演不好，就只能回去开车，或开小吃店当老板。我当时已三十好几了，有家有孩子，压力很大。所以，我买回了叶教授的录影带，在家里看了两三个月，仔细揣摩他的动作、说话的语调，然后才去上节目。

记：经过开出租车的那段经历，也更加珍惜眼下的机会。

洪：是。每一次表演，我都比别人用功。你知道，综艺节目都是临场发挥，但我会事先去找资料，写好台词，背下来，花很多时间去准备。所以他们都反映，跟我合作是"最愉快，最轻松"的。

有尴尬，也有感恩：
曾站在"巨人的肩膀"，现在则是回报

记：我们知道，台湾的模仿秀都很夸张，被模仿的人会认为是被"丑化"吗？

洪："丑化"？那倒是不会，但不太高兴肯定是有的。比如，我模仿过命理大师林真邑老师，她的一些朋友看到了，就跟她

说："那个洪都拉斯，把你模仿得好丑。"她觉得很受不了，有一天半夜，就给我打电话，说："你可不可以不要再模仿我？"我当时回答她："这也是我的工作，请你理解。但我明天会尽量跟制作人说说看。"第二天，我跟制作人商量后，就没再模仿她。说实话，当时我心里很难过，也很沮丧。

记：确实，如果您模仿我，我可能也会受不了（笑）。有没有遇到过当场抗议的？

洪：有一次，朋友约我去参加一个饭局，结果就遇到了叶教授。

记："仇人"相见，分外眼红？

洪：我确实有种怪怪的感觉，觉得有点不好意思。但他没说什么，只是告诉我："在你的工作上，你做了很好的决定。"然后建议我模仿他的时候，穿着要注意一点。确实，他的穿着都是很有质感的，而我每次就是衬衫、套头毛衣一套，就去模仿。后来，我特地去订做了中山装、唐装，打扮得像个得道高僧，那样再去模仿，效果就出来了。

记：后来有没有试着去化解这些误会？

洪：在我们节目做到第 1000 期的时候，制作人把我们模仿过的这些人，都请到记者会上来。林真邑老师也来了，呵，她的助理和朋友都跟她讲"你们真是很像呢"，她自己也突然觉得"这个人怎么跟我长得那么像"。后来，她送了我一顶假发，我再模仿她的时候，就戴着她送给我的那顶假发。

记：她又同意您"丑化"她了？

洪：她也渐渐释怀了，也认同我们用开心、幽默的方式来表现她。而且，每次一模仿，她的知名度就暴增，她自己也很开心。直到现在，我们都还维持良好的互动。

记：所以，一开始是索取，现在则慢慢变成了一种回报。

洪：现在，包括社会上的名流、政要，都希望我们模仿他们，还会打来电话感谢我们的模仿。

记：在选举前，会不会也请你们"多多关照"一下？

洪：我们不会介入蓝绿的政治斗争，因为要维持节目的中立和公正，我们不希望被贴上标签，所以，不会替政治人物站台。

2011 年 1 月 1 日发表于《海峡导报》

金门"小胖"揭秘申请吉尼斯100%成功"秘籍"

金门小胖，原名杨智荣。

"刚到大陆，很多人问我是不是《智取威虎山》的那个杨子荣。我说，杨子荣是谁？"天性乐观，一脸和气，30岁的杨智荣看起来还像青涩少年。

从2011年开始，他用了两年时间，策划、协助申请、成功完成8项吉尼斯世界纪录，保持了"申请—成功"的100%通过率。

这本身，就是一项纪录！

台湾一半吉尼斯是他的功劳

"我们不是台湾第一个创下世界纪录者，但我们却是全台湾完成最多世界纪录的组织，并保持完胜纪录。"这一点，是杨智荣最自豪的："2011年，台湾成功举办的金氏纪录，一半是我申请的项目；2012年，这个数字上升到66%。"

在台湾，吉尼斯世界纪录被称作"金氏纪录"。杨智荣申请过 8 个项目，全数通过。

这 8 个项目分别是：全世界最大的臭豆腐罐头；全世界最多人同食臭豆腐；全世界最长的蜈蚣阵；全世界最多的提琴同时合奏；全世界最多的回收打击乐器合奏；全世界最多人同时立蛋；全世界最多人的手摇铃交响乐；全世界最多人的沙铃交响乐。

这些项目，听起来千奇百怪，但吉尼斯的意义就在于此。

"除了在争论时给出正确答案外，这也成为人们的一项谈资。"杨智荣说，申请吉尼斯的项目千奇百怪，人们津津乐道。

比如台湾，举办过最多人同跳呼啦圈舞、最多人同绘彩指甲、最多人参加的高尔夫球赛、串联最多的泡泡、最大的粽子、最长的粉条、最多人的脚踏车队伍等等，这些项目虽然奇趣古怪，却经常能主导坊间话题。

2014 年 9 月，海峡导报举办的"关爱渐冻人——千人冰桶挑战"公益活动在厦门和台湾同时举行，并正式通过了英国吉尼斯总部的认定，将 430 人同时冰桶挑战的纪录刷新为 782 人。这中间，顾问杨智荣功不可没。

揭秘：创纪录有窍门

在厦金台商圈子里，"小胖"是一个响当当的名号，他的"MY 创意"团队享有盛名。

所以，2011 年当金门金城镇要举办"迎城隍·蜈蚣座"活动的时候，他顺利标下了案子。而该案有一个要求，就是要让"蜈蚣座"成功申请吉尼斯世界纪录。

"换了别人，可能把申请书一写、一丢，就甩手了。可我不这样。"杨智荣说，他把申请书写好后，花了三个月时间，认真研究了吉尼斯的"游戏规则"。最后，他向吉尼斯总部申请，"蜈蚣座"不能放在"最多人坐的花车巡游"项目下，而应该强调"纯人力搬运，最多人坐的花车巡游"。

在2011年5月14日，金门一年一度的"迎城隍游街绕境活动"启动，200个五六岁的小孩，穿着古装，浓妆艳抹，扮成仙女、皇帝、皇后等，坐在200个连接起来的木头座上，800余名青年扛着这个特殊的"轿辇"，走街串巷。当天，在英国吉尼斯认证官员的认证下，"纯人力蜈蚣座"通过吉尼斯世界纪录协会认证。

"这是金门有史以来获得的第一个金氏纪录。"自此，这个生在高雄的金门青年，与吉尼斯结缘。

他开始留意各县市的活动，游说他们申请吉尼斯世界纪录。

现场：臭豆腐熏"晕"认证官

在杨智荣执行的吉尼斯世界纪录中，有两项特别有趣，并且是同时认证成功的，那就是"全世界最大的臭豆腐罐头"和"全世界最多人同食臭豆腐"。回忆起当时的细节，小胖脸上露出了调皮的笑容。

这场活动在台北市天母商圈举办，当天下着大雨，臭豆腐的"香味"，让一整条街的行人、店家，闪躲不及。参与民众的热情却很高，不但有从高雄、桃园包车赶来的挑战者，还有一位立陶宛游客也加入其中，大快朵颐。

"那个大罐头一打开，认证官'哇'一声，飞快地捂住鼻子，痛苦得脸上的五官都纠结起来……"英国认证官被臭豆腐"虐杀"，小胖赶忙赔礼道歉。"一直到最后他离开台湾，我去送机，他还在开玩笑：'杨先生，下次可不要认证这个！'哈哈哈！"

因为认证官的"牺牲"，那个耗时两周打造、直径 1.4 米、内装 3 万块臭豆腐、重达 1026 公斤的大罐头，成功写入吉尼斯世界纪录。当天，有 1319 人报名参与分食臭豆腐，平均每人食用达 1 公斤，也写入吉尼斯之最。

"都是民众自发参与。"杨智荣说，第二天出版的《苹果日报》用了两个整版来报道此事，关于"臭豆腐创纪录"的话题一下子在台湾流传开来。

"创纪录" 行销获益 16 倍

"其实，创世界纪录不只是一种好玩的游戏，更是一种高级的整合行销手法。"杨智荣说。在"MY 创意"的宣传画上，杨智荣站在一片广阔的田野中，手拿着锄头在耕作，脸上却眉头紧蹙，像在思索……画面是黄灰色调，有些许陈旧，边上有一段话：深耕、勤练基本功，我在"离岛"练功，因为地方小、人少，所以机会多。

弊和利，在杨智荣看来，可以随时转化。从金门青商会秘书长的位置开始，一路走来，脚下的路坎坷，练就了他内心的强大和与众不同的思考方式。"我计算过，成功申请一场纪录，产出的行销价值，是投入传统广告产出的 16.8 倍。"杨智荣说，因为这个平台是国际性质的，"在我们成功破了蜈蚣座纪录后，英国官方媒体 BBC 的记者打电话来采访，这样的报道效果，远胜花大价钱砸广告"。

这对于希望行销台湾旅游的各县市政府，绝对是一个好消息。所以，在各县市举办的每一场破纪录现场，首长不但出席，还参与活动增加曝光率。

破世界纪录的同时，也是一场盛大的民间嘉年华！

"我希望，在海峡两岸也举办一场活动，比如与茶文化相关的，或是其他宣扬中华传统文化类的活动。"谈到未来的计划，杨智荣希望"深耕两岸"，也希望借由他娴熟的操作手法，将闽台传统文化推上国际大舞台。

2013 年 4 月 19 日发表于《海峡导报》

解密"星座小魔女":星座预测与心理学相通

郑嘉琳,在台湾有"星座小魔女"之称,著有《50位名人教你理财》《12星座女性爱美书》等书。2004—2006年,她担任东森电视台购物专家,任中天娱乐"妙妙星座"老师,主持东森电视台"开运鉴定团"。2007年,成立艾丝特拉占星网。

认识郑嘉琳,是因为一个常常在MSN上聊天的台湾记者朋友的介绍:她——台湾的"星座小魔女",主持过东森电视台"开运鉴定团",并且刚刚写完一部书——《星座魔女教你抢钱大作战》。星座?抢钱?于是很是好奇,向朋友要来了电话。

台湾电视几乎在每晚的特定时段,都有那么一档命理节目,翻过来转过去的,有中国传统的周易、紫微,还有西洋的塔罗牌、占星等等,讲到"实战"之处,从房间的摆设到服装穿着,都有讲究。

台湾朋友说,这样的节目在台湾很有市场,有很多人会看,并照着做。

身处这种特殊文化现象中的郑嘉琳,是以怎样的眼光来看待这个"市场"的？又是以怎样的心态来完成自己的工作的？

一个转变：财经记者学占星

导报记者（以下简称"记"）：我很好奇，您毕业于世新大学新闻系，后来为什么会转行学占星呢？

郑嘉琳（以下简称"郑"）：呵，我刚毕业的时候，就是在媒体做，在台湾《青年报》《大成报》都待过，跑过"立法院"，也跑过财经。我跑财经的时候，认识了我的老师，他当时在我们报社开专栏，他干这行有 20 年了，资历很深。那一阵子，我突然就疯狂地喜欢上了占星，于是就拜了老师，跟他学了三年。后来，就转了行。

记：我在一些时尚杂志和网站上看到过这方面的东西，好像很深奥！

郑：还好啦，主要是星座、天文、数学方面的知识，比如要计算行星的角度，因为，哪个行星进入哪一宫，就会产生不同的影响，从而影响到其他的东西。

记：今年的第 44 届金马奖颁奖前一天，你在接受台湾《苹果日报》采访时，认为陈冲和刘若英最可能当选影后，而不是当时正红的汤唯。后来果然是陈冲拿了奖。

郑：哈，我最得意的是自己通常都会比较准……从她们的星座来看，摩羯座的陈冲运势正旺，得奖格局看好；双子座的刘若英，今年工作运不错，事业稳定发展，但可惜的是，工作运大于得奖运。天秤座的汤唯，今年虽然声势大涨，但落马概率不小。

一个说法：更像心理咨询

记：在台湾，对星座感兴趣的人多吗？

郑：在台湾，对星座感兴趣的大多是比较年轻的女性。在社交场合，星座甚至成为社交开始的话题。因为星座就像生肖一样，每个人都有嘛！比如说，两个陌生人遇到了，有充足的时间，好像又必须说点什么。说天气吧，说两句话就没了；说工作吧，又比较敏感，也不好说。这时候，问一下，"你是什么星座呀"，聊聊对方星座的个性，今年的运势之类的，话题就慢慢深入了。

记：呵，这样的情况我在与台湾朋友接触的时候遇见过，她们对这个问题好像还颇有研究。我很好奇的是，您是怎样开展您的工作的？

郑：我有一个工作室，有需求的人，会到我的工作室做一个咨询，说说他们的困惑，而我会给他们一个指导性的意见。

记：这有点像心理咨询。

郑：嗯，实际上，与心理学是相通的。我比较倾向一个说法——性格决定命运。每个星座的人，都会有他们自己的特质，遇到同一个问题的时候，每个星座的人，都会采取他们自己的方式解决问题，这样，就导致结果的不同。一般来说，我会以一种积极的方式去引导对方，让他们变换一下心情，尝试用不同的方式解决问题。

记：这样做有帮助吗？

郑：会有一些用的。前一段时间，有一家保险公司请我去给业务员上课。因为业务员经常要拜访陌生人，我就教他们，从询问对方的星座入手。一方面，可以找到双方共同的话题，引起对方的兴趣；另一方面，也可以了解到对方的性格，决定怎样推销才好。同时，他们也会了解到自己的个性，就会有意识地规避性格上的弱点，发挥自己的长处。

一个群体：台湾大学生很迷茫

记：您在这个行业有 8 年以上从业经验，通常和哪一类民众接触较多？

郑：我现在在桃园县有一个工作室，开在大学的附近，有很多大学毕业生会来找我做咨询。他们现在遇到的最大问题是：前途渺茫。现代的年轻人，接触的东西比较多，加上父母都比较开通，谈恋爱的年龄层次低了，所以，爱情在他们看来，不是很大的问题。他们都很清楚，谈恋爱是要钱的，如果没有经济基础，谈什么都是空的。所以，他们早早就会打算自己的将来，有很多人通过玩股票、开公司或是网络开店等方式，尝试让自己经济独立。

记：这样努力可以改变一下生活状况。

郑：可是，最大的问题是，现在的年轻人都很盲从。他们从小到大都处在父母的保护下，被呵护得很好，毕业后，条件好一些的家庭，父母就会帮子女先找好工作。工作来得容易，也就不会珍惜，遇到一点困难，他们就容易放弃。放弃后，又不知道自己应该做什么。

记：遇到这种情况，您怎么办？

郑：我先跟他们讲他们的问题在哪里，然后教他们怎样与家里人互动，做一些心理上的沟通。可以说，这也是心理辅导。

记：这样也可以帮助他们早一点独立，找到未来的方向。

郑：可是，现在大环境又不好。失业人口很多，他们放弃后，很难找到合适的工作。十几年前，大家希望改革，希望改变现状。但民进党上台后，经济也没有变好，所以现在大家都很失望，也不再想管其他的事情。

现在，一个大学生一年的学费就要4万到5万新台币，如果一个家里有三个孩子的话，一般的父母就供不起了。如果连基本的生活都得不到保障，还谈什么未来？

一个背景：M型社会形态还在恶化

记：除此之外，一般民众的现状怎样？

郑：有一个现象特别值得注意，就是来咨询的人中，很多是由于健康状况不佳、工作压力太大而来的。其实现代人很多都是健康和心理的问题，特别是在城市。而这几年，经济状况不断恶化，这种压力就更大了。

我们知道，台湾的学校都是有营养午餐的，一个月几百元新台币，可是，现在有很多人，连这几百元都交不起了。另一个更让人痛心的现象是，以前，学校剩下的营养午餐，都是倒掉的；现在，却有很多人排队领营养午餐，其中不乏年轻人。这说明，台湾的M型社会形态，还在恶化。

记：所以，他们面临很严峻的现状。

郑：这些，都与政党恶斗有关，由于民进党一直在炒作意识形态，一直在加剧族群对立，社会动荡，很多人都不愿意到台湾来投资。

像最近发生的亚历山大案件。亚历山大是全台湾最大的连锁健身集团，媒体用"健身王国"四个字来形容它，却在一夜间倒了，26个营业点全部关闭，1500多名员工失业，数万名会员缴纳的会费打了水漂。更重要的是，亚历山大的创办人唐雅君，是台湾富裕与成功的象征。她被检调约谈，在接受记者采访时，强调了三次："台湾经济太烂了！"为什么她一直强调这个，因为健身行业与经济相关很大，如果大家连肚子都吃不饱，谁还会花钱去健身？所以，她会一直骂"台湾经济太烂了！"

记：您刚出版新书《星座魔女教你抢钱大作战》。星座也能和赚钱联系在一起吗？

郑：因为十二星座的性格特质不一样，如果他们能了解自己的个性，顺势而为，肯定能获益良多。

牡羊座，属于"冲冲冲"的个性，是个开创型的投资人，所以适合当创业一族。但牡羊座人也一定要注意，凡事三思后行，就比较不会有错误发生。金牛座，比较保守，稳定性的行业比较吸引他们，就算是买股票也是以长期投资绩优股为主。双子座活泼好动，所以在投资上如果太无趣，他们宁愿选择不碰。在投资时，有缺乏耐心的现象时就要多留意了。巨蟹座温柔且坚强，理财一定要回本，而且要考虑到家人。当然，他们通常也会得到家人的支持和帮助，比较不用像其他星座那么辛苦。狮子座的人魄力大，是适合当老板的星座，但有时候被人一刺激，就会想做更大，却忘了考虑风险问题。处女座要求完美且努力，他们通常知道自己在做什么，也不会让别人看到有太大的状况出现。最适合处女座的投资就是好工作加上稳定的理财产品。天秤座具有长袖善舞的个性，但也容易犹豫不决。他们适合保本产品或交由专业人士处理投资。天蝎座是神秘且非常具有独特特质的人，大多数情况下，他们会很冷静地对待自己的投资理财和生涯规划。射手座乐观又有点叛逆，如果不强迫储蓄，他们会把钱花在一些无用的东西上面，所以要做好规划。摩羯座严肃而规矩，他们往往看起来都很累。水瓶座前卫有个性，建议要做好风险管控。双鱼座很浪漫，一般不大会理财，所以一定要强迫储蓄或学习理财。

【后记】

浪漫唯美到极致，她选择了与星座为伴。在爱与不爱之间，她执着守候，坚信真爱总有降临的那一天。她就是"星座小魔女"郑嘉琳。

车驶入桃园，一股清新的空气迎面扑来。这块有着浪漫花海的土地，是偶像剧的拍摄地，它营造浪漫，也养育了一个浪漫的女孩。

长发，瓜子脸，大大的眼睛，眼神里满是温婉坦诚，除了是个"魔女"，嘉琳还是个美女。毕业于台湾世新大学新闻系的她，曾经在台湾联合报系当过财经记者。谁知道，接触到一位星座老师后，她就"走火入魔"了，毅然决然地从报社辞职，开了间星座工作室，从一个"万人迷"变成了货真价实的"小魔女"。

朋友警告她："丢掉收入丰厚的工作，开工作室可能入不敷出啊，要小心啊。"可是那时的嘉琳，已经听不进别的声音了，星座和她，因浪漫契合成一个完整的生命体。

她很执着地坚守，执着的坚守也给了她丰厚的回报。几年来，嘉琳写了数十本书，像《50 位名人教你理财》《星座打造金钱帝国》《让孩子做财富的主人》《12 星座女性爱美书》《星座魔女教你抢钱大作战》《12星座疯 money》等。此外，她还是东森、非凡、中天等电视台命理节目的常客，在《苹果日报》《自由时报》都有专栏。女生们看到她，就会惊呼一声："那是'星座小魔女'郑嘉琳喔！"她的江湖地位从此奠定。

问嘉琳："你觉得桃园人最大的特色在哪里？"

她想了一下，说："这块土地的人都很淳朴！"

"台北是个大城市，那里的人都是精英；高雄人大都是闽南人，闽南语在那里畅通无阻；我们桃园有很多外省人和客家人，大家从小一起长大，亲密无间。"嘉琳对乡土的感觉，和亲情连接在一起。

在台北打拼了几年，嘉琳回到老家桃园中坜，在中原大学旁开了间工作室，做起了学生们的心理顾问。

学生们很爱这个邻家姐姐般的"小魔女"，有什么事都会向她请教，她的星座知识，她的理财专业，能为大学生提供完善的就业指导。

十几年时间，我看着她从星座老师到结婚生子，她新婚的消息还上了《苹果日报》。后来，她曾在东森购物当主播，也曾到上海工作。这些年，我在朋友圈和脸书看着她相夫教子，慢慢淡出娱乐圈。偶尔聊聊，她都会很热心地看看我的星座，给我一些建议。

有一年，我因为工作压力大，得了很严重的神经衰弱，经常整夜整夜失眠。她跟我说，你试试养花吧，让自己放松下来，调节一下。我听了她的话，坚持了一整季，果然治好了自己的神经衰弱，还从此喜欢上了花草。

感恩遇见。

2009 年 11 月 5 日发表于《海峡导报》

陈淑容："我其实是男孩性格的人"

2008 年，台湾四年一度的选战开始预热，陈淑容应国民党中央党部调遣，从青年部转任中央党部发言人。由于此前曝光不多，人们纷纷打听她的背景，甚至怀疑，她能担当如此大任吗？然而，半年多时间过去了，经历了选前互杠最白热化的阶段，经历了"大选"，经历了马英九就任后的新闻密集阶段，我们看到，陈淑容以她稳健的台风，不偏不倚的发言风格，细致周到的媒体服务，赢得了大家的赞赏。

在一个略有余暇的午后，陈淑容在国民党中央党部接受了我的电话采访。隔年，我去驻点，特地去拜访了她。她后来跟我开玩笑说，那次是大陆地方媒体首次驻点，"你们福建日报一下派了两个年轻漂亮的姑娘，让我们有点怀疑你们的动机"。据说，后来她让工作人员"盯紧点"，但回报的人说，人家确实是认真地在采访，并无越矩，她这才放心下来。

时势造英雄，女承父业当选发言人

导报记者（以下简称"记"）：之前，大陆人对台湾，实际上会有种神秘感，我想通过对话的形式，把台湾的知名人士介绍给大陆读者，拉近彼此的距离。

陈淑容（以下简称"陈"）：说到神秘感……其实要消除它也挺容易的。只要大家多交流、多沟通，就可以互相了解、互相信任了。你如果有机会，可以到台湾来，我们进行面对面的沟通交流不是更好吗？

记：哈，那是一定的，我们也很向往到台湾去呢！而且，到时一定会去拜访您。

陈：好啊，欢迎欢迎！

记：下面，我们就进入正题。首先，我想问的是，您是怎么走上发言人之路的？

陈：嗯，这个就说来话长了（笑）。其实从波士顿大学毕业后，我一直在商界服务。我的父亲在台南从政，有近20年的时间，我在当他的助理，帮助他处理一些政务，经营地区的人脉，耳濡目染，也培养了我的政治敏锐性。

2001年，机缘巧合，我继承了父亲的事业，当选了台南市议员。2004年，我在市议会服务将满一届的时候，国民党中央希望选拔一些南部的青年朋友，来为中央服务，因此找到了我。但因为任期未满，我只好一边兼着市议员的职务，一边兼国民党青年部主任。直到议员的工作告一段落后，我才专职到党中央服务。2007年12月，选举期间，党中央又安排我转任发言人一职。

记：那时，国民党中央是基于怎样的考虑，要找一位女性发言人呢？

陈：一直以来，国民党给人的感觉会比较"刚"一点，缺少柔性。所以，在"大选"期间，中央党部就考虑，要找 位女性来当发言人，最好来自南部，对政治及党务都有一定熟悉度，而且要"国语"和闽南话"双声带"都会。

记：呵，"双声带"！

陈：是啊，大家都知道，蓝军在南部比较弱嘛。而我又有在台南市的人脉和服务经验，同时也在中央党部历练过，因此，大家都认为我会胜任这一工作。

记：事实证明，大家的选择是对的。

陈：呵，谢谢。我想，我会继续努力扮演好发言人这一角色的。

重承诺讲义气，从小就有语言天赋

记：我们都知道，发言人一般都是能说会道、反应极快、有政治敏锐性的这样一类人，您小时候有表现过这样的天赋，或是有过这类经验吗？

陈：我从小就对阅读比较有兴趣。

当然，你也知道，我们台湾从前的教育，是不怎么注重"说"这方面能力的训练的。我比较突出的表现就是，经常会代表学校参加作文比赛，然后捧一两个奖项回来。至于演讲能力，我觉得更多是在外国上学时，修过所谓的"说话课"。因为我学的是企业管理。在经营管理学里面，主管的表达、沟通能力是很重要的，所以，在那里，我学到了很多演讲的技巧。

记：也就是说，在大学时代，您进行了演讲能力的专门训练和提升。

陈：是的。后来在父亲的服务处的那个阶段，我又有了从政的体验和历练，补上了政治领域这个空白。

记：我们看到2007年的报道上说，您父亲陈荣盛"放弃连任'立委'，转战台南市市长选举却失利，在唯恐家族势力后继无人的情况下，陈淑容被地方人士拱出来参选市议员"。当时，您父亲为什么会选中女儿，来承担延续家族势力的重任呢？

陈：嗯，我想，首先因为我是长女吧。其次呢，因为我的两个弟弟在政治上，不像我这么敏锐，而且男生身段也不如我这么柔软。

其实从政，女生有天生的优势——嘴甜、姿态软、懂得放低身段。而男生要做到这一点，就比较不容易。以台湾这样的竞选氛围，女性的外表、内在、行为举止，会更容易受选民关注，女性从政的成功度，也会比男性高。所以我想，会有越来越多的女性从政并受到大家关注。

记：我看到台湾媒体对您的报道，说您台风稳健，对答也相当机警，表现相当不错。

陈：呵，谢谢。我想我们这些晚辈，应该多学多做，比别人更努力一点。而作为女生，其实也有这样的优势，就是媒体对你不会有太多苛责，会比较宽容。

记：您觉得，自己在个性上，哪一方面受父亲的影响最大？

陈：我觉得自己最像他的，就是答应了别人的事情，就一定会去做，并且尽量做到最好。我比较重承诺，讲义气。其实我的个性和一般的女生比较不一样，因为我有两个弟弟，家族同辈中，也大部分是男生，所以个性里像男生的部分还蛮多的。虽然，我也有温柔的一面，但在处理议题，和男生共事的时候，也都蛮上手的。这些事情，都难不倒我。

谨守发言分寸，温和理性形象吸引选民

记：之前，有很多人会把您和民进党发言人谢欣霓做比较。您觉得自己和她，有哪些异同点？

陈：其实我们俩都是台南出身，她的老家在台南县，我在台南市。我们个人过去没有什么交集。我们出身的政党风格、历史背景不太一样。在民进党那种强烈厮杀的氛围下，一个女性，要走到那个位置，是很不容易的，所以，她的表现，要更出位一点。

而我们国民党在失去"政权"的情况下，八年"在野"。虽然有很多事情让我们看不下去，但毕竟"在野"，唯一夺回"执政"权的办法就是依靠选举。所以，那个时候，党中央就要求我们上上下下做到，让选民对我们有信心。

记：怎么做到？

陈：我刚上任发言人时，主委黄玉振就告诉我，国民党不太希望发言人以很泼辣、得理不饶人的方式来做发言。他希望我们能以儒家思想服人；希望我们讲理，表现得有礼貌，理性地谈我们的理念；希望我们以一个正面的态度，让选民在这个纷纷扰扰的政治气氛中，去找回台湾的价值。

记：所以，您就有意和谢欣霓去做一个区隔。

陈：是的。她当时不断地以猛烈的怒骂、攻击性的语言，来针对她看不惯的事情发表意见；而我们就不断地抬出我们的政策和"牛肉"，来说服选民。

记：这也是国民党的选举策略？

陈：这是我们整体步调的一部分。实际上，国民党找发言人的初衷，就是想找一个形象不错、台风稳健的女性，希望通过她的外在表现，让选民很清楚地看到，国民党和民进党确实不一样。

记：您做到了，而且很成功。

陈：其实，选举时，选民的情绪是非常对立的。大家都知道，台湾有很多政论节目，蓝绿的选民，会看他们各自拥护的电视台。这时候，如果一个发言人的曝光率太高，反而会折损这位发言人。所以，党中央对我们的整体形象的包装十分重视，要求我们尽量不要失言。

记：是这个定位要求您这样做，还是您的本色就如此？

陈：是定位要求我这样做，我自己本身也能配合。其实，如果今天要求我出来扮演一个质询的角色，或是做一个议题的批判，我也能做到。因为我原来在台南市担任议员工作的时候，也都是在质询官员。但作为政党发言人，必须谨守发言人的角色和分寸。当你站在这个位置的时候，要考虑到整体效应，考虑到你的发言是代表整个党，而不再是质询官员的民代。所以，有些情绪，要克制。

当然，如果让我不问青红皂白，一味地批评别人，我也做不到。

重在散客入台，盼大陆游客暖台人钱包

记：媒体称您为黄金单身贵族，能谈谈您的感情生活吗？

陈：呵，透露一个喜讯，我快要结婚了。现在选举也完成了，各方面工作也都告一个段落，我也可以开始准备我的婚事了。

记：恭喜恭喜！能透露一下男朋友是什么样的人吗？

陈：呵，谢谢！他没什么特别的政治背景，是一个上班族。

记：另外，下月 18 日，大陆游客就要正式赴台旅游了，对台湾人民的影响应该挺大的吧？

陈：我们希望他们真的能感受到经济的变化。但现在有一个问题，因为现在来的旅游团都还是团进团出，很多东西就控制在旅行社手中，像一般的饭店、购物场所，不一定能赚得到钱。如果今后开放散客进来，产生的效益就是全面的，我相信开放大陆客赴台的政策真正发挥效益的，也就在那个阶段。

记：团进团出也是一个问题？

陈：团进团出，可能就会有一些成本上的考量。比如说住店、吃饭，旅行团就会找一些折扣比较低的酒店、饭店，这样，一般市民开的小规模的饭店，就没有办法及时感受到陆客来台带来的好处。如果有一天，散客也能进来，他们能自由地在台湾各地旅游，可以自由地安排自己的行程，他们就能自由地去采购，去看各个地方。我相信，到那个时候，他们的消费会更高，他们的旅游，也会更有质量。这样，所有的商店才能真正受惠。

而且，旅游业如果发达了，会带动商业、建筑业等相关产业

的发展，环环相扣，台湾经济就会被带动起来。

2008 年 6 月 28 日发表于《海峡导报》

【后记】

　　陈淑容生于 1970 年，美国波士顿大学毕业后，回台念中山大学企管研究所，2001 年当选台南市议员，2004 年年底兼任国民党青年部主任，2007 年争取台南市"立委"提名失利后，被国民党中央延揽为发言人。

　　她成功助力马英九当选后，出任桃园工商局局长。大陆客自由行实现后，我俩曾经策划过"大陆商会桃园观光工厂之旅"，但由于一些人事变迁的原因，这个策划最终没能成行。此后两岸交流受阻，我们经常通过即时聊天工具互相问候。这么多年，她重承诺、讲义气的性格一直没变。这也是很典型的闽南人性格，一旦认定了你，就会很坦诚，很讲义气，甘愿为朋友两肋插刀。

　　在闽南语里，我们用"四海"来形容这样的性格。而在闽南人的圈子里，夸一个人"四海"，代表他有很多朋友，江湖口碑很不错。

　　我想，这就是两岸民众交流的"通关密码"。

包小柏：内心的柔软，它曾经路过

曾经，毒舌＝包小柏，被媒体传为定律。可实际情况是，"毒舌"二字，被包小柏认为是媒体冠予的"病态口语"，他自己的解释是"独（毒）善其身，舍（舌）我其谁"，他说，这就是他一直以来的人生态度。

电话中，包小柏语速缓慢，他认真地用带点台式又带点港式的普通话，去捕捉每一个字的发音，加上语气间隐约透出的笑意，与电视上那个冷口冷面冷心的评委包小柏，判若两人。

这一度让我差点认定，电话里这个温柔自信的男子，就是真实的包小柏了。

童年：一半是冰山，一半是火焰

"我觉得，一个人的性情和他的童年是分不开的。"我在采访时这样说道。

小柏说，是的是的。他说，他在一个没有血缘关系的家庭中长大，"皮球一样的身份"。

当年的包妈妈和包爸爸未婚生子，小松小柏出生后，就放养在妈妈开的皮鞋店，"整天爬来爬去"。有一天，店里一位男性员工的大妹来台北玩，看到可爱的双胞胎，喜欢得不得了，想借回家给爸爸妈妈解闷几天。"没想到，这一借就是17年。"

这位男性员工，与包妈妈干姐弟相称，他从此成为小松小柏的大舅。

一岁半的双胞胎，被这位"阿姨"带到竹东乡下。这个家安在眷村，一座木板铁皮屋里，生活着五个孩子，加上最小的小松小柏就是七个。对于家长，双胞胎称他们外公、外婆；对于五个孩子，则分别叫"舅舅、阿姨"。包家没有给生活费，双胞胎的到来让这个家的生计更加窘迫。

"外公是退伍军人，脾气暴躁，外婆就扛起了家的协调。"外公反对收养双胞胎，但外婆十分坚持，这个伟大的老太太操持着一家大小的三餐、洗漱，像一座大山一样，默默地为这对双胞胎挡风遮雨。

"我们常常充当外婆的消防员，只要看到外公要发脾气了，我们就会把外婆拉到隔壁去躲躲。"小小的小柏很亲近外婆，他说，每当家里有水果吃时，他都要一个个帮外婆先尝尝，"会不会酸"。

在牙牙学语的时候，被带到一个陌生的环境中生存，相依为命的，只有同样牙牙学语的双胞胎哥哥。这样的经历，让他"恐慌和害怕"。而富有爱心的外婆，就是小柏的天使，

直到长大成年，功成名就，小柏也仅用这样一句话形容："我没有对不起外婆。"他说，"她很包容"。所以，小柏的独生女儿，名字就叫，包容。

尽管他在电话那头，用平静的语气，几乎是自言自语地诉说着这一切，电话这头的我，听起来却十分心酸。

我想，换一个人，可能羞于谈到这样的童年生活，可是他没有障碍，因为他已经给自己筑起足够坚固的防线，去面对曾经伤痕累累的自己。

少年：一半是光鲜，一半是穷困

在乡下生活几年后，因为孩子们要上学、工作，外公外婆带着一家大小迁往台北，双胞胎上了小学一年级。

"那时，我们才知道自己还有两个哥哥。小时候妈妈来看我们时带来的那些旧玩具，就是两个哥哥玩坏，才由我们来接收。"彼时，两个哥哥也被送到这个家寄养，孩子们团圆了。

可是，父母的形象，在孩子们眼中是残缺的。小柏说，只要老师出的作文题目是写父母亲，他就只好交白卷。直到有一天，他终于看到了父亲，那个"积怨已久的神话人物"，他形容他，"在我们的成长过程中只有 1% 的出镜率"。而在那唯一的一次父子团圆中，他得到的，却是父亲的一个大耳光，和一句让他铭记一生的格言："求人不如求己。"

那一年，他 16 岁。

彼时，因为家里寄养了四个孩子，双胞胎又要同时上高中，开销陡增。外婆没有办法，只好把包爸爸请到家里，跟他商量是否能"资助"两个孩子的学费。没想到，做父亲的一直在推诿，旁听的小柏当场急了，蹦出一句："你到底有没有尽到做父亲的责任？"父亲又气又急，转身就给了他一个大耳光。

"现在回想起来，那个耳光，一方面可能是因为他觉得理亏；另一方面，也教育我，那不是对父亲应该有的态度。那种感觉……"他突然停顿了许久，然后深吸了口气说，"好了，所有的都要自己争取。"

我想，父子间的梁子，也许就是从那一记耳光开始结下，年轻气盛的小柏，抱定了"我要活出个人样给你看"的想法。那记耳光，在给了他很深伤害的同时，也激发了少年的斗志，催他早熟。因为，他总结道："求人不如求己。"

那一次谈判的结果是，父亲虽然没有答应给付学费，却给双胞胎每人买了一辆脚踏车，让他们骑着上下学。尽管这样，少年们也很惊喜，因为是"第一次得到来自父亲的礼物"。

"我们没有浪费那辆脚踏车。"他说，骑着那辆脚踏车，他们谋到了送报生的工作，每天早上 4：30 就起来送报。此外，他们还做大量家庭代工，"粘过塑料花，拼过小铁轮……还帮片场发过海报"。他还到各个片场应征群众演员，"那个年龄，你知道的，头发很短，很矬，很呆滞，所以经常被欺负"。他说，常常被打发去演死人。

虽然这样，他也很开心，因为赚到了钱，可以补贴生计，也可以应付一些同学之间的交际应酬。此后，好运气接踵而来，在高二那年暑假，双胞胎在哥哥包伟铭的演艺公司打工，被一位好奇的记者发现，在做了专访之后推荐给了丽歌唱片公司。试音之后，双胞胎被签约，并接受专门的训练，正式开启演艺生涯。

一条看似光彩熠熠的星光大道，在他们眼前徐徐开启。

青年：一半是功名，一半是陨落

张爱玲说过："生命是一袭华美的袍，爬满了虱子。"

1986 年，17 岁的小松小柏组合正式出道，以粉色系少年的造型，开始在台湾各地巡演。"因为是全亚洲第一个，所以大家感到很新鲜，好奇。"

第一场演出在台南，一家百货公司开业，请他们去暖场，兄弟俩唱了第一张专辑《落泪之前》里的几首歌。由于此前为包伟铭伴舞，有一年多的演出经验，所以小柏站到台上"更多的是兴奋"，而不是紧张。那场演出让他们一炮而红，随后，各种邀约纷至沓来。他们在台湾各乡镇巡演，演出场所大多在夜市、百货商场，跑通告、做宣传、搞包装，全是兄弟俩骑着摩托车自力更生，一手包办。

"公司唯一会做安排的，是上电台表演"，那个年代新人没有机会上电视，利用电台发声成了重要的宣传手段，"需要付费给制作人"。

"前面两年过得特别艰难。"小柏说，资深的艺人会瞧不起他们，"年纪轻轻不好好读书，跑出来抢饭碗"，所以几乎不要寄望长辈提携，"要上到真正的台面很难"。直到第三年，才陆续有了机会上"老三台"演出，但表演形式也就是"又唱又跳"，似乎可以"一招走天下"。

即使在成名的日子里，小松小柏在经济上也相当困顿，"乡镇的演出都是无酬性的，只有上电视，一场才能拿到 2350 元车马费，房租一交，所剩无几"，那段日子，让小柏刻骨铭心，"几乎天天都是吃炒青菜、酱油拌饭"。

1987 年台湾"解严"，1988 年 1 月开放"报禁""党禁"，"老三台"也开始调整迎合市场，新的卡带大量发行，市场发生了巨大的转变。努力了三年，"赚到了一点小名气"，但 1988 年，他们却必须入伍服兵役了。"入伍第四周，小虎队出现了，哇，那种包装、排场，真的让人眼前一亮。"当忧欢派对、小虎队、红孩儿等组合在台上大放异彩的时候，身在军营的小松小柏，却只能日复一日操练，看年华流逝，无可奈何。

1990 年，两人退伍，发行了《我是真的真的愿意》，希望重新崛起，却发现已经被无情的市场忘记，不得已，两人只好转战新马，却意外红到"吓死人"。但两年的海外经营，让他们被台湾市场彻底忘记。

1994 年，小松小柏组合解体，东南亚第一对少年组合陨落得悄无声息。

那一年，他 25 岁。

中年：一半是天堂，一半是炼狱

"现在回头想想，那个时候调整方向也未必是坏事。但在那个年纪，要接受从少年得志，到突然告别舞台，全部重新来过，却是一件很难受的事情。"换个人，可能会颓废，会自弃，可小柏根本无暇顾及自己的心情。"童年的经历，可能会让你有不安全感。"我说。"对，非常深重的不安全感，所以我事事都要做到最好。"小柏说，之后他转向幕后，加盟周华健工作室，用了六年时间，做到华纳唱片音乐总监，成功包装了苏慧伦、陈小春、孙燕姿等大牌艺人。

那段时间，科技又转换了一个时代，CD 开始盛行，小柏抓到了这个机遇。"那个时期，身边的亲戚、朋友，都叫我'拼命三郎'，除了睡觉外，我的时间都给了工作，人也因为高度的压迫性，经常处在煎熬的状态，不知道的人以为我是在吸毒。"而这种抗压性，对工作的包容态度，得益于外婆的言传身教："小时候对她的印象，就是很沉默，几乎不发一语，但一辈子都在承担家庭的劳作。"

我问他："那么你现在赚这么多钱，有没有想过要回家和家人一起生活？"

他沉默了一会儿说："希望有那一天，放在心里深深期许，但光芒越来越微弱。"他坦言，自己对女儿，并未尽到责任，因为长年离家在外打拼，与女儿的沟通也大多通过妻子"中转"，"常常就是，她打电话来，说女儿最近又怎样了，我就是一个倾听者"。但他对家人，始终就是"担心给得不够"的心态，因为成长的经历太没有安全感，所以时刻担心一切会荡然无存。他说，始终没办法有满足感。

他说，他出身于一个癌症家庭，爸爸妈妈和寄养的外公外婆，都死于癌症，"所以，不知道那一天什么时候到来"。

他说，他是金牛座，是一个外观很丑的奇异果，内心却丰富到你想象不到。

他说，自己太容易相信别人，对很多事情可以一忍到底，却绝不接受欺骗。

2014 年 7 月 29 日发表于《海峡导报》

【后记】

对于明星，人们习惯于仰视，却忽略了他们一样要经历柴米油盐和人生的不易。

包小柏的不幸童年、艰难少年时期，以及在生活中与父母的情感纠葛，让我们了解了他，也了解了那个特殊的时代背景下，美丽宝岛发生的一些小故事。

平凡人身上的温暖亲情，家人之间苦涩难言的疏离，经济腾飞造就的机遇，成就了这对双胞胎。可是，生命早期的不幸，也许要用一生来治愈。

几年前，包小柏经历了丧女之痛，此后渐渐淡出娱乐圈。

大时代的小人物，命运总是随波逐流，偶尔闪现的光芒，最后也总是回归平淡。这就是生活。

开唐山书店的陈隆昊：台湾最美的风景是书店

台湾唐山书店的老板陈隆昊，经营独立书店已经超过 30 年。他见证了台湾独立书店的兴衰，本身也是个很有故事的人。

近年来电子书、网上书店、连锁书店的兴起，让独立书店面临前所未有的危机。如何破题？陈隆昊担当起了"台湾独立书店文化协会"理事长的角色，希望在没落中救世，闯出一条独立书店的新路子。

家中破产，长子扛起家计

陈隆昊出生在一个小镇，离家不远处就有泰雅人部落。在小时和少数民族接触的经验中以及日后到大城市闯荡的历练里，他形成了关注弱势族群的独特个性。

因为从小家境殷实，他早年的理想是成为一个人类学者。但在 1973 年、1979 年的两次石油危机中，他父亲经营的石油工厂负债累累，最终破产倒闭。"身为家中长子，我非常清楚地认识到自己必须很快扛起家中生计；继续深造成为一个学者的期待，成为难以达成的梦想。"陈隆昊说，在研究所学习的日子，他疯狂打工赚钱，服兵役时也期待早早退伍，好"尽快投入社会冲刺"。

退伍后，他开设了"唐山翻印"书局，以翻印西方社会科学、人文科学类等小众阅读书籍为主。

因为当时台湾没有加入"日内瓦版权公约"，这些山寨书不用支付高额的版权费，成本也降了下来，让口袋不是那么殷实，又求知若渴的学生一族消费得起。

那么，书局的名字为什么叫唐山呢？"在海外，华人聚居地叫唐人街，唐山书局取其义，希望成为全球华人的一个精神憩息地。"

卖禁书，简体字书供不应求

时间很快翻到 1980 年代。"1980 年代是一个知识爆炸的年代，许多西方的人文社会科学的学术著作，开始被大量译介到台湾来，大量阅读新思潮的书籍蔚为风潮，唐山翻印的西书种也愈来愈多，自己拥有一个书店可以完整陈列日渐增加的翻版书变得很必要，于是有了开书店的念头。"陈隆昊说，开店之初，连进货都成问题，因为是小本经营，供货商在收到钱前不肯放货，使得书店有一阵子难以为继。

此时，正在美国留学的妹妹放下功课，赶回来帮忙，加上管理经营日渐完善，通路打开，状况才有了好转。

在那个年代，台湾缺少独立书店，一些小众的读物无处交流。

于是，学生们把社团、个人的出版品、文创作品拿到店内代售，一时间，形成"各大学校进步社团的学生们一下课就往唐山跑"的盛况。此时，唐山也应学生的需求，提供"台湾研究""性别研究""同志·酷儿""后现代·全球化"专柜书籍，满足学生的求知欲。"当年唐山是有名的禁书买卖的地点，大陆简体书每周开箱日，总有识货的读者守在简体书书架前抢货。"

因为书店位于地下室，唐山书店被台湾文化界一语双关地称为"地下书店"。

台湾"解严"，各种独立书店出现

可以说，1980 到 1990 年代，是唐山书店的全盛时期。

台湾文化总会秘书长杨渡，曾经向我形容过那个时期的状况。正值青春期的他，常常到独立书店去淘禁书，买回来后躲着家人偷偷地看，由此打开了了解世界的大门。

台湾从 1949 年开始"戒严"，进入 20 世纪 80 年代中期，开始有了要求"解严"的运动，到了 1987 年，台湾正式宣布"解严"，多元文化随之兴起。

此后，各种因应新兴文化思潮的独立书店如雨后春笋般冒了出来。

像标榜女性主义的女书店，关注同志议题的晶晶书库等，都在分食特色书店的大饼。加上大笔资金投入的诚品书店以及连锁书店和电子书店的挤压，让历经 30 多年风雨的唐山书店感到难以为继。"开门七件事，柴米油盐酱醋茶，这是很现实的事。"陈隆昊说，虽然本身是个文化人，但经营书店，没有收入就会陷入尴尬境地。

保存风景，开辟新路

在陈隆昊看来，"台湾最美的文化风景是书店"。这些小小的独立书店，每一家都有不同的个性，每一家都有不同的风景，让喜爱它的人，能找到一个心灵的栖息地。

为了拯救这道风景，2013 年 3 月，二三十家独立书店业者抱团成立了"台湾独立书店文化协会"，希望通过力量的集合，让自己发出更大更响亮的声音。

2014 年台北书展，首次设立"独立书店"展区，与一般的展区不同，这里有画、文创产品、咖啡的展示，它的存在提示大家："你是不是很久没有走进书店了？"

另一方面，协会也向官方申请补助，向供货商申请更优惠的合作条件，让大家可以渡过这一波危机，生存下去。"我们始终相信，在我们的社会，无论是城市还是乡下，如果处处有书店，那绝对是个美丽新世界！"陈隆昊说。

2014 年 2 月 24 日以《揭秘：简体书在台曾是禁书，
也是畅销书》为题发表于《海峡导报》

六合夜市里摆摊的埃及帅哥

凌晨 1 点多，提着行李走在高雄的六合夜市。这里灯火通明。因为刚刚下过一场雨，所以逛夜市的游客不多。

据说，这个夜市要开到凌晨 4 点。搭眼一看，里面卖的东西十分丰富，而各种游乐项目，又给游客带来一些感官上的刺激。

受不了精致奖品的诱惑，我打了一回气球：每次 50 元新台币，给 10 颗子弹，打完 40 个气球，就可以赢一个海绵宝宝或派大星。我打了 250 元，子弹没用完，气球全军覆没，于是开心地抱走了一个派大星。店主用期盼的眼神看着同行的伙伴，问："要不要打？"

当然不要！

于是继续逛。突然被站在摊前一个高鼻深目的棕色皮肤帅哥吸引。帅哥很会做生意，趁机推销起他卖的埃及饰品。我呢，打蛇随棍上，问起了帅哥的身世。

帅哥叫 San，是埃及艺术学院的毕业生，原来在尼罗河上有条船，当着船老板呢。后来，认识了台湾女友，就随女友"私奔"到高雄，在六合夜市租了这个摊位卖起了饰品。

San 卖的都是自己的作品，有尼罗河风情的项链、手链、耳环，有古埃及风格的珠宝盒、小摆设，还有一些纯手绘的树皮画，画的是埃及艳后，风情十足。

那些饰品实在是太漂亮了，加上 San 鞍前马后，不厌其烦。我还有什么理由不掏钱？

最后，在 San 的极力怂恿下，我又加了一只波纹手镯。共4000 元新台币，掏钱的时候，狂热的心才稍稍冷静下来：800 元人民币，够我几篇稿子的稿费了。

San 很开心，亲手签写了一张明信片，还认真地挑了一张有我星座的手绘树皮画送给我。明信片上他用英文写道："祝我最好的新朋友好运。"下面是一个大大的手写体"San"。我把提在手上的一盒月饼回赠给他。临走前，San 留下了他的 E-mail，拜托我要把照片邮给他。

风还是很凉。走到 20 米远的地方，同行的台湾朋友说："现在景气不好，你买这么多东西他一定很开心。"

我也很开心。曾经有一个朋友说过，人生难得一个"喜欢"，她的人生信条就是："遇到喜欢的东西，宁可错杀一千也不可放过一个！"

2009 年 10 月 12 日发表于《海峡导报》

转角遇到陈彦伯

陈彦伯何许人也？台湾名嘴。

他曾自许是名嘴中长得最帅的，帅哥中嘴最好使的。

初听这言论，我很不以为然地在心里默默地"切……"了一声，兄台五官端正自是不必说，但说自己最帅，恐怕有点那个吧！

所以，我睁大了眼轮番看政论节目，希望从中找出个"第一"来反驳。

经过一番仔细搜寻，嘿，还真被他言中了：名嘴大多已然跨过了花样年华，不知当年是否风华绝代，现今看来只能用"廉颇老矣，尚能饭"来形容；而比他年轻的，搜索下也成了稀有。

加上，有一说话就龇牙咧嘴，两眼鼓出如金鱼，看上去像被哈哈镜PS过的；有讲到激动处张牙舞爪，嘴角磨豆腐的；还有五官像练过乾坤大挪移，极具喜剧效果的……总之，经过一番认真比对，还真觉得只有他最能担得起"斯文"这俩字。

他最初是记者，从业于全盛时期的《民众日报》。后来，"民众"没落，他以"立法院"资深党政记者的身份转行做了名嘴。

因为之前跑口时积累下深厚的人脉资源，他在时政新闻这条线上，消息源上天入地，因此无所不知。加上外形俊朗，口才辩给，深受观众喜爱。

2012年初，彦伯选上台北市议员，从此开始了"为民谋福利"的日子。

这年秋天时我驻点，计划中要见他一面，除了双手奉上稿费外，也很好奇他从名嘴变身议员，是更牙尖嘴利，还是更沉稳了。

这一次驻点，我和福建报业集团的其他记者，住在忠孝东路四段五楼的一处公寓。

初到时，因对附近交通不熟，我曾经有过一次很惨痛的南辕北辙的经历。加上当时正逢大暑，白天天气太热，我便改在月朗星稀后外出熟悉地形。

一天饭后，我绕过路口的那一家星巴克，开始了只朝左手边拐的愚公移山式的步行。

从谷歌地图上看，我只需走过基隆路一段，拐上市民大道后，再转光复南路，最后沿中山纪念馆走回星巴克。完成理论上的研究后，我背上尼康，开始实地考察的行程。顺便说一下，我脚底下踩的是八厘米的高跟鞋。

但理论和现实总是有些差距，那些在地图上看起来很近的地名，其实甚是遥远。经过三个多小时的长途跋涉，我终于大汗淋漓地带着尼康和高跟鞋回来了。虽然很累很无语，我仍然努力保持着优雅的步调。远远地，看到星巴克的灯火时，突然有种想流泪的冲动。

然后，我目光炯炯地稳步走回 559 号的小楼。

楼下，路灯昏暗。街心花园里坐着一对鬼祟的男女，我目不斜视地走过去；路边，一个妇女在台阶上摆了一些小物件，我依然目不斜视地走过去；及至走到昏暗的路灯下，一个寂寞的路人甲站在那里张望，我用眼角余光瞟了一眼，还是目不斜视地走过去……

突然，电光石火，我的脑海中闪过一个名字——彦伯兄？！这么巧？不是山寨的吧。再次回头，对上眼神，哈哈，果然是他。

路人男变身熟人高富帅！

于是，站在昏暗的路灯下，我和这位老朋友聊了起来。他说太太和姐妹淘在附近聚会，于是他就开着车来充当"望妻崖"了。我打趣他："台北真是女人的天堂男人的地狱啊！"

然后，我们就绕回他的本行，一边聊着台湾政坛的各种最新鲜八卦，一边等着他的太太。

大约有半个小时之久，远远地，四个女子笑眯眯地走过来。他问："你猜哪个是我太太？"我一看，其中一位紫衣女郎正一边回头对另三位女士说着什么，一边手指向这里。当然就是这位紫衣啦。好吧，这下轮到前辈点头称是了。

然后，就是亲切握手，热情寒暄，行礼如仪了。

夫妻二人携手离去后，我这个资深八卦狗仔，马上仔细搜索记忆中的对话碎片，心想："哪几条可以马上上网发布呢？"

2012 年 8 月完稿于台北

台湾"运将"那些事

"你好，司机大哥。"这是我每次打开计程车门，探进头去说的第一句话。

在台湾，你不能说"师傅，你好"，否则里面那位"师傅"会不客气地告诉你："我不是师父（傅），拜拜的那才是师父（傅）呢！"

如果你是男生，觉得称"司机大哥"太过温柔，也可以叫他们"运将"。这是闽南语的词汇转化而来，如果用地道的闽南话说，就让人更感亲切了。

上了车，我喜欢跟他们聊天。

这些"运将"大多花白头发，讲话慢吞吞，开起车来也是不疾不徐，仿佛开计程车这门生计，是一种无上的享受。而我跟他们聊的话题，也是五花八门，无奇不有。

比如，有一天我采访完回去的路上，遇到一位颇"愤青"的司机大哥。他告诉我："大陆人真的很有钱呢！"

他说，前几天载到一对夫妻，两人一上车就说："带我们去台北最好的表店！我们要买几块手表！"听到他们说"几块"，他当下明了，这对夫妻是大陆来的，因为台湾人说手表是用"几支"。

他把他们载到了忠孝东路上的"欧米茄"。付钱的时候,那个男的从口袋里掏出一大把票子,有美金、港币,也有新台币。"我劝他,掏钱不要这样一大把地掏出来,你这不是引诱别人犯罪吗?"他愤愤不平地说,钱放在钱包里,要用就一张张地拿,何必这样一掏一大把,太不安全了!我哈哈大笑,大概这对有钱的夫妇认为台湾是一个治安环境非常优越的岛屿吧。

还有一次,我打车赶往八德路上的国民党中央党部。这次的"运将"是位中年男人,身材微胖,姓徐。

徐先生说,他开出租车才半年。半年前,他所在的制衣厂因为经济危机裁员,他不得已失业了。要谋生,要养家糊口,还有每月近两万的房贷要供,曾经是小主管的徐先生只好重新考照,开出租车谋生。他说,好在这行没有门槛。但这行并不是所有人都愿意干的,因为在他们看来,"运将"都是社会底层。

卖命干一个月,能到手5万元新台币,像徐先生这样,一个月顶多到手3.5万。拿2万供房,每月全家伙食要1万多,还有水电等七七八八加起来一个月要五千多,所以日子过得有点"紧"。

"别看我现在开出租,以前我可是开工厂的,手下管着3个厂,500多人。"他说,可是生意难做,他的成衣厂一夕倒闭,他只好上街谋口饭吃。但乐观的他,仍相信,经济危机会过去,孩子会长大,生活还是会慢慢变好。

有一天我去参加一场周杰伦的活动。一出门,上了一辆颇有

"级别"的计程车。

这位司机大哥，自称是台军的退伍军官，太太去世，两个孩子不在台湾，他孤身一人，无聊得紧，于是开上计程车出门转悠。"你是我今天载的第二位乘客，"他把车开到时速三四十公里，"你大陆哪里来的？没有口音哦！"

我说，我是厦门来的，来工作。

他马上跟我聊起厦门的房价，说他在几十年前到厦门时，"你们连机场都没有呢"。后来，他的朋友邀他到厦门轮渡附近买房，他付了定金，却没有买成。

我问他，你这样开计程车会不会亏本？"哪会？我买这台车才花了4万块新台币，剩下的每天只要付油钱就够了，哪会亏？"

那停车呢？"只要开到偏僻的地方去停，不用交停车费。"

所以，本着这样"打发时间过日子"的念头，他开车犹如打太极，途中还指点我看了一下仁爱路上"副总统"吴敦义的官邸，并抒发了一点感慨。

故事听多了，有时候我常常会产生错觉，是他们搭载了我这个台北的过客，还是我搭载了他们的"运将"人生？

2014年2月10日发表于《海峡导报》

台湾处处是"老乡"

在台湾的各种场合，坐下来聊天，总能从中间聊出不少惊喜。比如，老乡！

我父亲是漳州龙海人，我母亲是厦门人，因此，我见到漳州人和厦门人，都统称"老乡"。虽然大家见了面没有两眼泪汪汪的喜悦，但对一对闽南话，再核实一下口音，最后聊一聊家人，时间就过去了大半。下次再见面，靠着残留的记忆，眼神中自然就会折射出惊喜的光。

第一次与台湾人认老乡，是在四川，地震中驰援的台湾搜救队队长欧晋德，就是厦门人。这位曾经的台北副市长，现任的台湾高铁董事长，连胜文竞选团队总顾问，是台湾记者口中一致的"好人"。在汶川，他听说我来自厦门，眼神变得分外亲切，他说，他是五六岁时从厦门离开的，当开往台湾的轮船渐行渐远，他眼望着轮渡码头那一排红房子渐渐模糊，儿时的记忆在他的脑海里，定格成了恒久不变的画面。

另一位神奇的老乡，是在一次餐会上遇到的台湾体育运动总会秘书长林森鸿。当时，与我相熟的《民众日报》大陆事务部主任许永传介绍说："这位是我的老老师。"一听说是"祖师爷"辈分，我赶忙端起名片，谦恭地上前拜见。然而，"祖师爷"完全没有架子，他自然地拉着我坐下来，话起了家常。

听说我是大陆来的记者，"祖师爷"说他来自漳州。我说，我是漳州龙海人。他说，他祖籍是龙海杨厝。杨厝是我奶奶的娘家，杨厝人不是姓林，就是姓杨。

小时候，常听我父亲讲他在外公家的趣事，以及奶奶的几个兄弟，年长的带我父亲去城里看戏，吃好吃的"五香"，年幼的和他年纪不相上下，常常一处打闹。谈到杨厝，我自然很激动。他告诉我："你知道吗？厦门鼓浪屿的毓秀花园，就是咱们杨厝人建的。"我说，知道啊知道啊。

他又说："知道吗？咱们杨厝和台中的雾峰林家是亲戚，雾峰林家在板桥建的林家花园，很有名。"我又说，知道啊知道啊，我去过！

然后，我们又聊到厦门和漳州闽南语的口音不同。我说，闽南语的"猪"，在厦门本岛叫"低"，牵到集美叫"嘟"，再牵远点到漳州同安一带，就变成"的都"了。他听罢哈哈大笑，说，台湾从南到北，也有这样的口音差别，变化序列也和厦漳差不多。

那一餐饭我们吃得很愉快，后来，他开心地拉着我，到处与人交换名片，告诉人家说："她会讲我们台湾话呢！"

除了餐会的场合，在出租车上、采访中，都经常能遇到我的厦门、漳州老乡。据统计，台湾人中，闽南人、客家人占了大半。所以，如果遇到一个客家人，我又会告诉他，我是龙岩媳妇。你看，这又能扯上半天家常了。

2014 年 3 月 14 日发表于《海峡导报》

注意，附近有刘德华出没

有人说，在台北遇上名人很简单。但我是一个走路不看人的"睁眼瞎"，于是常常在友人提醒下，看着名人的背影莫名惆怅。

尽管这样，在台北，我还是惊喜地邂逅了几次"名人"。

第一次，是在西门町，这个台流与韩流交错的空间里。

那是一个秋日的傍晚，和风习习，我孤身一人背着相机在西门町流窜，寻找可以入镜的人和物。

在老街腹地，有个怡然自得的白发老伯，一辆自行改造的小推车是他的货架。他一边哼着叮叮当当的轻快乐曲，一边灵动地挥舞着手中的剪刀，少顷，一个栩栩如生的美女跃然纸上。

这个老伯，自许是"流浪画家"。通过小推车上的剪报，我发现，他叫陈振福，竟是此前红极一时的"台视大乐队"的鼓手。

见我在一边看热闹，他招呼我："要不要试试？"

为什么不？

但过招前，要先化妆。他把我的长发披下来，再给我戴了条头巾。退后两步看看，他又在我耳边夹了朵"杨二"式大花。这下，素人变身西门町"花姑娘"。

他动作灵动，一边剪着，还一边嘴不停歇地和我聊天。不一会儿，周围就来了一群围观的人。很快，我美丽的剪影就出来了。

最后，为了报答他，我向他要了一张纸一把笔，回赠了一幅他的人物速写。

这些只是前菜，当晚更传奇的故事才刚刚开始。

与陈老伯挥别后，走不远，我就被一位目测身高一米九的帅哥叫住了。

帅哥说："你是大陆来的记者吗？"（帅哥一定是刚才围观群众之一）

帅哥说："你能不能帮助我？"（姐一个外地姑娘，能力有限）

帅哥说："告诉你一个秘密，我是叶剑英的孙子，蒋介石撤退时把我绑架到台湾来当人质，你能不能带我回去？"（帅哥的样子只有 20 岁出头。老蒋 1949 年退踞台湾，莫非是穿越了，才能在撤退时绑到你？）

帅哥说："这里讲话不方便，你能不能跟我去我住处？我给你独家新闻。"（这位大哥，你以为姐的脑袋被门夹过吗？）

我礼貌地告诉他，不好意思，约了一个采访，马上得赶过去，回头"再联系您"，请留下联系方式，能得到这样的独家新闻实在是太好了。

看着我"感激"的眼神，他又很热心地表示，可以一起去采访。在遭到拒绝后，他把我送到了地铁入口，这才离去。

风一吹，我发现自己竟然出了一身汗。

后来，朋友告诉我，台北"怪叔叔"特别多，遇到这样的，完全可以赠送个白眼走人。

然后，有一天，我搭计程车时，就遇到了一位开车的"刘德华"。

在台北，计程车的前排座椅背上都写着司机的名字和车号。我不经意地扫了一眼，竟然发现，这个司机，名字就叫刘德华。

我问司机："你真叫刘德华吗？"

他说："对啊！"

我不甘心，又问道："你一直都叫刘德华吗？"

他说："是啊！"

我无语。正在考虑要不要通过后视镜赠送一个"白眼"时，刘德华却打开话匣子。他说，现在开着的出租车，就是港星刘德华送的，价值60万新台币。他还说，12年前与华仔在台视的综艺节目中见过一面。我哭笑不得，心里盘算着要不要提前下车。

刘德华见我沉默，从车上抽出一份塑封的剪报，这下轮到我傻眼了：剪报上大标题赫然写着"他们都叫刘德华"。内容就是台视请华仔到台湾，并征集到6位与他同名同姓者，7位刘德华在台湾欢聚一堂。

最后，老刘开心地说："我年纪比他大，'刘德华'三个字是我借给他用的呢！"

好吧，这一个才是"正版"。你们见到的，都是"山寨"。

而更巧的是，一年后，湖南卫视也要请刘德华。他们找到了我，要我帮忙在人海中把老刘扒拉出来，"请他们二位湖南再见面"。

2009年10月24日，以《误打误撞遇上"刘德华"》为题刊登于《海峡导报》

台湾报业往事：报馆门口曾有"宪兵"把守

从小，我就爱听故事。

驻点期间，因为工作的关系，认识了一位在台湾媒体主管机构工作的朋友。他年纪比较大，为人风趣，也乐于跟我这个小辈分享过去的故事（在这里，为了避免给他造成困扰，我们还是称之为"他"吧）。

三四十年前，台湾还在"戒严"时期，他就已在"新闻局"工作。那时的台湾，并未开放"报禁"，全台只有25家日报和6家晚报，《联合报》和《中国时报》平分秋色，它们在最繁荣的时代，曾达到100万份的发行量。那时，联合、中时也算是"高端大气上档次"，报馆门口甚至有"宪兵"把守。

当时，报纸有"三大限"：限登、限张、限印。台北的报纸要想在各地发行，就得用专列"限时快递"。

故事的场景就这样徐徐展开！

凌晨四五点的台北，一片水汽氤氲，在清冷寒冽的空气中，一群哈着雾气的报纸发行人，守候在西门町附近的中山堂门口。附近，有穿着大衣拿着枪的警卫在站岗。他们在等待一辆送报车送来当天的报纸，然后分发、投递，确保早上7点，散发着墨香的报纸能出现在民众的早餐桌上。

同样的时间，一辆送报的小火车从台北开出，车上满载着的，全是当天的报纸。顺着台铁线，报纸被沿路一个站点接着一个站点地丢下……这列带着全台最新消息的送报专列，会一直开到台湾的最南部，然后卸下所有的报纸。

这样严肃的程序，很有些"洛阳纸贵"的感觉。想到现在台湾满地派送的免费报，联合、中时艰难度日，真是恍如隔世。

而那时，对新闻人的管控，同样"严格"。有一次，蒋介石出席一场活动，带了一队随访记者。过程中，我这位朋友接到某主管的一个电话。主管说："那谁谁谁，你不能让他去采访。"他问："为什么？"对方答曰：此人有案在身。

仔细一问，原来是"跳票"。而所谓的"跳票"，也就是开出的现金支票无法兑现，情况很有些像现在的信用卡逾期未还。他当时的感觉，简直就是"太莫名其妙"。后来这件事虽然不了了之，但让他印象非常深刻。

这样的事情，就发生在台湾，从 1950 年开始，到 1988 年，"报禁"才被解除。而那之后，又是"媒体战国时代"的开始！

2014 年 1 月 10 日发表于《海峡导报》

台湾"文革"几时休

最近，因为大陆向金门供水，台湾开始新一轮的泛政治化炒作。对于熟悉台湾政治的人来说，这不过是又一场"水仗"——大陆供纯净水，"台独"供政治口水。

这么多年来，"台独"套路都是一样的：凡是大陆想做的，都是"统战"；凡是大陆给东西，都是"收买"；凡是错的，都是大陆。

指鹿为马，乱喷口水，贴大字报，乱扣大帽，挑动民粹，风声鹤唳……种种"文革"手法，在台湾越演越烈。

最早的，是厦金"三通"要开通，在"立法院"被绿营人士硬拗成"通三小"。懂闽南语的人，都懂这是"通什么"的暗黑版，语带挖苦。

更有想象力丰富的，说大陆策划"木马屠城"，"三通"的客轮一登陆，全是便衣的解放军。

最后，"三通"全面实现，"台独"癔症多年的"木马屠城"，并没有到来。

而目睹"台独"分子演绎的台湾式"文革"，更是触目惊心。

最剧烈的一次，就是"太阳花学运"，民进党利用台湾民间的对立，挑动民粹，使这次 "学运" 成为压倒马英九的最后一根稻草。

那一年，是 2014 年，我正好在台湾驻点。

3 月 18 日下午，我路过 "立法院" 后门，偶然看到几个女学生在搬运一堆印有 "黑箱" 二字的物料，几名学生在静坐，心下一动："难道明天这里又有抗议活动？" 没想到，一场轰轰烈烈的 "太阳花学运"，就此拉开黑色序幕。

那一天，离我结束那一期驻点只有 16 天。

晚 11 点多，传来消息，"立法院" 被学生攻陷，现场被封锁！一场以打倒国民党为目的的 "学生运动"，就此拉开序幕。

议题设置得很巧妙，"反黑箱，反服贸"，排在前面的是 "黑箱"，被叫得最大声的是 "服贸"。

而这一波文宣，"黑箱" 针对的是国民党，挑动的是蓝绿对立；"服贸"，针对的是大陆，挑动的是民族仇恨。

最后，获得选票，在选举时打败国民党，收割政治利益的，是主张 "台独" 的民进党。

因为在商签服贸协议之前，已签了 ECFA，条目数百，十分专业，我研究了好几天。所以，我推理，对于 "服贸"，大部分反对的人应该是一知半解的。那他们反对什么？

正好，第二天，遇到一个热衷 "反服贸"，并声称 "等下交班就去静坐" 的计程车司机，我把问题抛给他："你知道什么是服贸吗？"

他很意外，停下碎碎念，十分尴尬地说："不知道耶。"

我又问他："那你为什么要反？"

"因为这是大陆要做的，是统战呀。只要是他们要做的，就要反啦。"

我无语了。停了一下，我很气愤地告诉他："我就是大陆来的记者，我才想反服贸呢！"

他张大了嘴，很讶异，问："为什么？"

我说，我从离台湾很近，同样讲着闽南话的厦门来。我们那里有很多咖啡屋、美发连锁店，全是台商开的，因为他们来得早，有政策扶持，有资金和技术，本地人根本没有机会。另外，"服贸"的很多条款，都是对台湾非常有利的，比如大陆的毛巾不让进台湾，为的就是保护云林的毛巾产业，不然大陆的毛巾一进来，你以为台湾还有机会？所以，这些"不平等条约"，如果不是看在同胞情分上，你以为谁会签？你以为只有你们想静坐？我才想静坐呢！

被我一通说，他闭了嘴："那……我等下还是不去了。"

那个司机是个40多岁的中年人，而我在现场，看到的更多的是十几二十出头的学生，我相信，以他们的年龄和人生阅历，更搞不懂什么是"服贸"。

这样想想就很可怕了，一群别有用心的人，带着一群幼稚的孩子和盲从的愚民，最后会整出什么样的后果？

彼时，"立法院"被学生封锁，周围的街道被占领，街区瘫痪，愈演愈烈。

几天后，学生又攻进隔壁的"行政院"，在里面出演了更为荒腔走板的闹剧。

最后，马英九被逼无奈，在一个凌晨，出动了警察驱离。那是一个可怕的夜晚，高压水枪冲击，学生一个个被拉进人墙，凯达格兰大道一片哀鸣。

至此，马英九在"无用""懦弱"的标签之后，又被贴上了一个"鸭霸"（闽南语，意为霸道）的标签，支持度大降。

而民进党又做了什么？

"学运"的时候，几个"天王"跑到"立法院"声援，蔡英文、苏贞昌插花抢版面。学生被驱离的时候跳出来大骂，完全不管占领"立法院""行政院"行动是不是违法。

只有白狼能让他们闭嘴。

那一次，白狼的表演实在大快人心。民进党"立委"骂他黑道，白狼当场怒喝："你们白天喊黑道，晚上叫大哥，你们这些人，哪一个没有收过黑道的钱？"当下一个个唱名，现场爆料。

一秒之内，现场寂静无声，底下的民进党"立委"通通闭了嘴。

这是在街头的闹剧。

媒体上的闹剧，则上演得更为巧妙。几家电视台的政论节目，出现了几个因为挺"服贸"而被合伙修理得很惨的人，比如淡大教授聂建中，新党的王炳忠。

我打电话声援他们，聂建中说"坚持得很辛苦，很久没有听到支持的理性的声音了"。

王炳忠则很有战斗力，以一敌四五个，他说，那是电视台故意安排的，比如六个嘉宾，两个挺"服贸"的，四个反"服贸"的，四个修理两个，绰绰有余。

在这样的"示范作用"下，挺的人不敢吱声，反的人气焰越来越嚣张，民粹愈演愈烈。

至于真相是什么，已经不重要了。

2018 年 8 月 9 日完稿于厦门

吴子嘉："台独"是民进党的负债

吴子嘉，台湾《美丽岛电子报》董事长，资深民进党人士、媒体人。2016年，吴子嘉因与郭正亮等人一起推动废除民进党"台独党纲"运动，及频繁在政论节目中质疑民进党，被开除出民进党。

如今，吴子嘉是两岸新媒体界的红人，他的各种观点经常出现在头条、抖音的短视频里，还是快人快语，还是知无不言言无不尽，和当年在台北看到的毫无二致。在2014年冬天，一个阴霾寒冷的下午，我和他约在忠孝东路四段的"日光寒舍"咖啡屋见面。彼时，外面飘着零星的小雨，咖啡屋内温暖如春，香气四溢。就着一杯热拿铁，我听他纵论民进党内事务，以及创办《美丽岛电子报》的经过。

"民进党人创办出反'台独'媒体"

导报记者（以下简称"记"）：最近《美丽岛电子报》火力全开，批判力十足！

吴子嘉（以下简称"吴"）：哈哈，我骂的人都会有回应啦！我们的批判力是很强的。

记：对你们自己的民进党，也毫不留情啊！

吴：最近，针对民进党刚开完的"中国事务委员会"，我们发表了一系列的文章，我和郭正亮、童振源、陈淞山这几个人，是民进党的务实派，也就是开明派和交流派，我们言论的大本营就是《美丽岛电子报》。《美丽岛电子报》的宗旨就是要推动和平发展，我们旗帜鲜明地说我们是反"台独"的媒体，还是民进党人士办的反"台独"媒体，这很有意思。

记：身为民进党资深党员，您认为反"台独"的必要性是什么？

吴：如果民进党想重新"执政"，就要把"台独"的包袱丢掉，我们认为这是负债，可有人认为这是资产，所以我们就要跟他们辩论。四年来，我们从没放弃自己的立场。

你看，民进党是多么可恶的政党！你办"华山会议"，就是为了要因应国际潮流和态势，调整路线，争取人民的信任。可是大陆都正式否掉的事情，你还要对着干，还想把它放到"政策检讨纪要"里，传达了高度恶意，那你要怎么让民众相信？你要怎么跟对岸建立信任？这跟初衷南辕北辙嘛！所以我写了一篇文章叫《民进党成事不足，败事有余》。我们这一两个礼拜，都在对这件事口诛笔伐。与此同时，我们的领导人物发挥助力，把主张和实际力量结合起来，发挥了作用，改变了现状。

"四年时间，让民进党务实派集结起来"

记：当初是什么样的初衷，您要成立《美丽岛电子报》？

吴：当初是许信良来找我，谈合作的事。我当时刚从一家上市公司董事长的位置上下来，身上有点钱。他说，子嘉，我们再来干一把，来成立一张电子报，第一是要宣传思想，第二是要与人为善。我说第三项，要提携后进，这样就会有更多的人来支持我们。因为我是搞投资的，我知道要怎么去"融资"，要把民进党后进拉进来。所以，我们干了四年，让民进党的务实派集结起来。

记：那当时为什么选择"美丽岛"这个名字？

吴：邱复生是我的好朋友，他说，你们民进党人真笨啊，你们有个最大的资产，重大品牌，没拿出来，那就是"美丽岛"啊，它是一个标杆，一面旗帜！这个旗帜树起来，大家就知道你们要干什么！

记：专门用来骂民进党？

吴：李敖说，你在南极骂一个人，很小声，不要怕，北极也听得到！

记：关键是站对立场，言之有物！

吴：是啊，我们集结、精挑细选了一批笔力很好的边缘人，我们就开骂了呀。我确定，台湾的领导人、民进党的领导人一定会看。虽然我们的媒体很小众，但被骂的人一定会有反应呀！这样我们就成功了！像周玉蔻最近呛连胜文，就够他受了。

记：被人这样骂，肯定是很不爽。

吴：李敖说啦，"全台湾最狠的人是我，最坏的人是吴子嘉"。哈哈哈！

"搞'台独'都是玩假的，苏贞昌已遭遇挫败"

记：你说的你们领导人指的是谁?

吴：我们的董事长是许信良，只要是在和平发展路线上一致，在反"台独"上跟我们有共识的人，都是我们的同路人。

记：这次"中国事务委员会"是不是开得很激烈?

吴：当然！这次是苏贞昌的大挫败！在会上，大家拒绝他的强势主导，谢长廷和蔡英文都让苏下不了台，场面一度很尴尬。其实，大鸣大放，这就是民进党的传统。

记：你们口诛笔伐，是希望改变民进党的怪现状?

吴：整场笔战在我们这里打，《美丽岛电子报》是我们的大本营嘛。我和郭正亮写了4000个字，把"记录"一项项批驳掉了。如果你要反对我，可以，你写4000字出来，建立你的理论基础。他们说"台独"有60%的民意基础，我对这个非常反感。他们把支持"中华民国"和"维持现状"的人都算进来，怎么可以这样? 他们挑唆民众说，"你们是勇敢的台湾人，不用怕，大胆跟中国去干"，去激化大家，告诉大家你们是"刀枪不入"，可是一旦出事，他们就跑掉了。这是很不负责任的政客行为嘛！所以大部分搞"台独"的，都是为了私人权欲考量，都是玩假的。

2014 年 1 月 23 日发表于《海峡导报》

第六章

台湾政坛那些夫妻和父子

台湾政坛，有很多著名的夫妻和父子。在这里，我试图剥离他们身上政治的光环，用丈夫、妻子、父亲、儿子的角色去理解他们，从他们的人生际遇去解读他们，去探寻这一个个生命背后的真相，去还原人所不知的他们。

　　性格决定命运，受到父亲熏陶，儿子的性格往往带着父亲的影子，这也让他们的命运跟自己父亲多少有些相似。比如吴伯雄父子，都是轻松搞笑、善于牺牲自我的性格，两人也都当了桃园县长，家庭幸福美满；比如连战父子，都是贵族公子出身，身上自然有旧式公子的做派，不苟言笑，有着大家长式的作风。

　　夫妻之间，则更多的是互相成就，抑或是互相消耗，在岁月的磨砺中变成怨偶。其中最典型的就是陈水扁夫妇，从一开始的互相成就，到最后变成了互相指责和消耗……台湾人那种强韧的泥土性，以及太过务实最终被反噬的性格悲剧，在他们身上体现得淋漓尽致。

伯公的背影

2009 年，高票当选的马英九就任，需要"党政合一"，于是时任国民党主席的吴伯雄宣布退位。

我采访过国民党的中常会，也采访过民进党的中常会，两种截然不同的感受。国民党中常委一个个西装革履，头发油光发亮，礼数周到，给人一种贵族聚会的感觉。而到了民进党中央党会，来来往往的各色人等，基本都是很"台客"的接地气装扮，有穿夏威夷花衬衫的，有扯大嗓子打招呼的，偶然穿插个把年轻新贵，也都是草根气息满满。就连学者出身的蔡英文，也用上了菜市场大妈的社交方式，拉着几个台南来的委员站在党部门口"博感情"，活色生香。

所以在国民党这个贵族气息浓厚的群体里，像弥勒佛一样整天笑眯眯的吴伯雄，算得上是一个比较特殊的存在。

当了一任党主席，被大家亲切唤作"伯公"的吴伯雄没承想竟减肥成功。他自称这是"一个平凡的人经过的很不平凡的过程"……他离去的背影，色彩斑斓。

欢送伯公的茶叙会有两道比较有趣的程序：一是女党工献花，还趁机吻了一下伯公的脸，当天这条"花边"新闻上了报纸头条；二是所有记者排队与伯公合影留念。

轮到我与伯公握手时，我告诉他："我是从大陆来驻点采访的。"他马上就问："还习惯吗，这里的生活？"……他的大手很绵软，温厚，一如他温润大气的为人，不打官腔，没有太多客套，伯公就是用这样家常的方式，处理事务。

他懂得珍惜自己，懂得尊重别人，更是语重心长地教导团队成员，要"缩小自我"。这2年8个月，977天的任期，惊涛骇浪，暗潮汹涌，伯公是"酸甜苦辣点滴在心"，他说自己学会了"强颜欢笑"，连太太都夸他："你当党主席以后，修养比以前好多了。"

是呀，从政不容易，尤其是怀着一份爱心和慈悲来从政，更不容易。

整个台湾社会面临改革，但大家都不知道改革从何做起："仇恨政治"还在继续，"仇恨终结者"没有出现；"立法院"形同虚设，时不时打架大出洋相，质询时大爆粗口，导致"官不聊生"；"名嘴治国"，媒体生存形态混乱，民众无所适从……

所有这一切，大家都看到了，大家都在回避。

但是，有一个人回避不了，那就是——马英九！

伯公仁慈，他懂得体谅，用他的爱和体谅，给了马英九空间："当他说要兼主席，我70岁的写真集就出来了。"

他回忆去年马英九当选"总统"后，曾说过："没有党我就不能当选。"

伯公回答："没有这么优质的候选人，党也不可能重新执政。"

选民用选票说了话，伯公体谅马英九，就是体谅台湾社会对改革的期待。

伯公还提到今年 2 月到马来西亚，曾到在当地被誉为"华文教育苦行僧"的沈慕羽坟前拜祭。到墓前时他愣住了，热泪盈眶，原来沈慕羽生前就规划好的墓碑上，赫然刻着中国国民党的党徽……说到这里，伯公的声音哽咽了。

他说到自己对国民党的热爱，说到"总统大选"时硬撑着在辅选，"睡觉时骨刺睡不好，走路时脚会麻，站也要人家在后面撑"……如今，国民党需要和马英九双剑合璧，需要党政合一，伯公毫不犹豫地让路。

"两者合一，对整个台湾会大有帮助，请大家拭目以待！"这是伯公对未来中国国民党党主席的深深期许。

2009 年 10 月 15 日发表于《海峡导报》

吴伯雄长子吴志扬谈父亲："他很老练，我充满了理想性"

　　第一次见到吴志扬，是马英九将党旗交到他手上，为他竞选桃园县长造势。当天，马英九正式接任中国国民党主席，吴伯雄正式移交党主席印信。现场播放伯公的一段录像，他说："重要的不是我们所在的位置，重要的是我们要去的方向。"为了让小马哥双剑合璧，他毅然决然地选择了退隐。

　　吴伯雄淡出江湖后，他的长子吴志扬走上担任县市首长的道路。伯公曾规劝儿子不要从政，并说出了著名的"热厨房"理论。但儿子却倔强地说："谁规定厨房就要是热的！"但是在桃园八年，我每次去采访他，都会觉得他好像头发又少了一点。对此他自己倒是不在意，笑笑说："这是伯公的基因。"举重若轻爱开玩笑的性格，倒是真的和伯公如出一辙。只是有台湾记者偷偷告诉我："我们经常会用电脑修图帮他增加发量……"

　　这样的一对父子，注定充满了故事。

谈父亲："他很厚道，没有政敌"

导报记者（以下简称"记"）：在您的心目中，伯公是一个怎样的父亲？

吴志扬（以下简称"吴"）：他很厚道，不自私，常为了大局牺牲自我。他对每个人，都一视同仁，甚至是对不同党派不同政见的人，他也不会去制造仇恨。所以，他没什么政敌。

记：即便如此，他从政时也时常饱受压力，所以，他说"怕热就不要进厨房"。但这句话，似乎也没能阻挡您走进"厨房"的决心。

吴：呵，记得我当时回答他"谁规定厨房就要是热的"。只要走进去了，就有责任和义务把厨房"打扫干净"。我认为，政治不需那么多复杂的斗争，所以，我们要带动大家转换方向。政治人物就是要引领风骚，不是吗？我们不能因为"厨房很热"，就失去理想。

记：当台湾的政治人物，确实要顶着很大压力。

吴：嗯，我们经常被责备，被要求。但这几年，环境有所转变，那些民意代表也开始注意自己的形象了。我们要抱着"诚实面对，有则改之，无则加勉"的心态，把那些不营养的批评拒之门外，否则会受内伤。

谈政治："从政的人一定要学会忍受"

记：呵呵，所以一开始只能去适应，然后再求变。

吴：是的，一开始可能大家不喜欢你，有时难免还会遇到批评，甚至是有人通过媒体出来放话，讲一些不礼貌的言语。但从政的人，一定要正直，真心帮大家做事，这样才会慢慢得到认同。从政的人一定要学会忍受，如果受不了，就只能独善其身了。

记：既然从政这么辛苦，您忍受这些，又能得到什么？

吴：我想，就是为了得到服务大众的成就感。在台湾有这样一句话来形容我们：政治人物就是起得比鸡早，吃得比猪差，还要常被人骂的人。但我们不是为了自己的利益，所以我们顶天立地。

记：您两次提到理想。您的理想是什么？

吴："大道之行，天下为公。"这是古代士大夫的境界，是父亲常对我说的一句话，也是我的目标。

谈家庭："我们在家都比较放松"

记：您觉得自己与父亲相比，最大的不同是什么？

吴：他比较老练，我则是充满了理想性。

记：我们知道，吴家祖孙三代都当过桃园县长。那么，在您的内心，会不会有这样的想法：我要超越我的父亲和爷爷，要做到比他们更出色？

吴：虽然我们三个人中，名气最大的是我父亲，但学问最多的，却是我的爷爷，他是医学博士。有一次，我与父亲开玩笑说："虽然你的资历很多，但你没当过'立委'，也没有律师资格。"他回答我："当你还在学校时，我就已经取得荣誉法学博士的称号了。"我说："那只是'荣誉'嘛。"

记：哈哈，父子二人的语言风格如出一辙啊。

吴：我们在家都比较放松，也尽量不把公事带回家。

谈选择太太："决定结婚才通知父亲"

记：可是从政就是会很忙，与家人也是聚少离多。太太会不会有意见？

吴：会啊，她比我会读书，在学校的时候就比我成绩好。所以，现在她经常抱怨说："女孩子的能力也不差，为什么不能出去闯世界？"说实话，我觉得现在的女性比较会计较（笑）。不过我太太也就是嘴上说说，她其实不喜欢出来，不喜欢出风头，她说："风头留给你来出就好啦！"

记：嗯，太太其实是蛮善解人意的。

吴：她是背景很单纯的一个人。我岳父是音乐老师，我父亲喜欢背景单纯的亲家。有一次，我父亲抱怨说："你们一直到决定结婚了才通知我。"我说："之前有带回来给你看过啊，你没有提出异议，我们就继续交往下去了。"

【后记】

　　吴伯雄和吴志扬这对父子，带着亦师亦友的麻辣气息。吴志扬吐槽父亲说："我爸爸来参加我大学毕业典礼时，一堆学生和他握手，他握到我的手时还问：'恭喜呀，什么系的？'"虽然表面上的槽点满满，内心却藏着深深的爱。特别是从政以后，吴志扬理解了以前父亲常常不在家，早出晚归，都是因为工作需要，但心里也自觉亏欠家人很多。以前看到爸爸在刷牙、吃早餐时，嘴里一直喃喃自语，会偷偷笑他是"肖仔"（闽南语，疯子），当县长后自己也开始满嘴碎碎念。

后来吴志扬意外落选，吴伯雄安慰他："虽然你败选，但我好像捡回了一个儿子。"吴志扬当众落泪，此时，他突然读懂了父亲笑里含的泪。

2011 年 6 月 12 日发表于《海峡导报》

连战和连胜文：公子的宿命是一样的

2014年，连胜文投入台北市长选战，对手是柯文哲。他在台北圆环大稻埕宣布参选。

连胜文选择此地宣布参选，是有深意的。

台北圆环是大稻埕的腹地，大稻埕又是台北的发源地，此地亦曾是"二二八事件"的起始点。时过境迁，破败的老街，深深的胡同，都在诉说着历史故事。选择此地，代表连胜文选择直面历史，直面族群分裂。在这个绿营票仓，连胜文大声宣布："我们不搞民粹，只要是对民众有利的，我们就去做，而不是对我连胜文有利的，我才去做。"

而此地，亦是连家在台北起家的地方。连家从南部迁到台北，便是在这里落脚，曾祖父连横还在此开设书局。连胜文对这里是有感情的。他的祖辈在这里置产，他的父亲连战在这里长大，他自己也曾见证过这里的繁华。

但这个充满传统台北味道的地方，如今没落了，让连胜文十分感慨。

他回到这里，提出"台北双核心"的竞选主轴，企图恢复大稻埕当年的荣光。"一个城市，不能一边兴盛一边没落，政府应肩负起区域发展均衡的责任。"他试图用这个竞选理念，诉说自己的情怀，自己的使命，告诉台北人重新崛起和奋进，而不是湮没在民粹和小确幸里，泯然众人。

但他忘了，选举只是一场秀，比烂，比下限。在圆环外边的空地上，民进党籍台北市议员王世坚，领着要参选台北市议员的沈志霖和叶志远表演行动剧，沈、叶二人穿上乞丐服嘲讽连胜文是"丐帮帮主"。

时隔多年，当我回想起当天的景象，发现这个细节尤为讽刺。

"人生胜利组"并非事事如意

连胜文在一个美满的家庭长大，父亲连战是学者式的政治人物，祖产丰厚，母亲连方瑀知书达理，美貌贤良，连胜文自己也是高富帅，位列台北新"四大公子"之一。这个人除了是台北人口中的"人生胜利组"，也在网络中被赞为"投胎技术强人"。

但其实，他面对的是一个传统家庭中最传统的父亲。在他眼中，父亲连战为人、为事都过于讲究"温良恭俭让"，是一个很传统的人，"牙不尖、嘴不利，吵架永远吵不过别人"。当然，再有教养的人，也会愤怒。当选战进行到白热化的时候，连战忍无可忍，骂了柯文哲一句憋了很久的"混蛋"，引发媒体批评，因为一向不骂人的连战也骂人了。

骂人在台湾政坛从来都不算是事儿。有一次，我因看不下去龙应台在"立法院"屡屡被骂，问一位台湾记者："龙先生怎么都算是个文人，你们在台上把她修理得斯文扫地，很过分啊。"

他"噗嗤"一笑："我们就是要让那些民意代表去修理官员，让他们学会谦卑。"所以，在台湾的政治环境下，恶人作恶会得到原谅，好人偶尔翻脸一次，就会被人诟病。

而柯文哲与当年陈水扁的竞选手法师承一脉，这让连战想起过去与陈水扁竞争时所受的种种委屈，加上对手阵营不断攻击他的父亲、祖父，所以连战生气、难过之下，骂出了他能表达愤怒的极限用词："混蛋！"在连战的词典里，"混蛋"这个词，已经代表着骂人的最高语境。但旧式文人的做派，却被一些挺绿媒体直接渲染成了"霸道"。

连战同时又是一个传统的父亲，时时扮演着严父的角色，对孩子们很严肃，情绪从不写在脸上，直到 2010 年 11 月 26 日晚的那场枪击案发生。当时，连战听到儿子的消息，并没有改变辅选行程，仍在约定的时间上台讲话。面对镜头，连战的面部表情没有很大的变化，但他的声音哽咽了。他说："我的儿子这个时候正躺在医院里，情况还不明，我也不要再讲什么话了，祝福台湾，祝福各位老百姓。"说完，他伸出食指推开眼镜，默默擦去眼角的泪水。"我们知道，他的教养，不允许他在那个场合有别的表现。"台湾知名媒体人陈文茜说。所以连战只能压抑胸中的悲愤，坚持到活动结束，回家才痛哭。

这样的表现，是父爱的隐忍。可在选举的场子，连战如果当下泪如雨下，泣不成声，仰天长啸，都会有强烈的戏剧张力，会带来很多同情票。试想，如果换成陈水扁，他会怎么做？

当然，这很不人性，但很务实。

连胜文的幸与不幸

连胜文这个人，是幸运的，也是不幸的。

出身世家，因此被贴上"权贵"的标签，无论他努力做什么，大家都会马上联想到，"他爸爸是连战"，他成功是因为家世和背景；两度游走生死边缘，一次是头部中枪，一次是肾脏肿瘤，虽然他福大命大挺了过来，但创伤至今仍在。

他有钱，有背景，有一堆可以无条件帮助他的人，因为他叫连胜文。

他投入选战，去争取陈水扁、马英九都坐过的那个台北市长位置。他宣布参选的时候，台北政坛大大小小的人物都来了，因为"连爷爷"的面子，连马英九在台北市长任期的副手、台湾的"救难英雄"欧晋德，都来给他当市政总顾问。场内，来自海峡两岸和日本的各家媒体，把会场挤得水泄不通，场外，TVBS、三立、中视、华视的现场转播车也排了一地。这样的排面，你要说他选不上，任是谁都不敢相信。所以我一度信心满满，回到办公室还跟同事打赌他能赢。

但是，就在开票前一夜，我在凌晨突然梦见他输了，而且输得很惨。女性的直觉告诉我："阶级斗争是他跨越不去的天堑。"而这一弱点被民进党抓住往死里打，成就了当时初入政坛的柯文哲。

枪伤后复出，变得成熟稳重了

台湾民间加在连胜文身上的绰号很多，江湖上流传得最广的那一个，叫"神猪"。此外，像"连公子"这样的外号，已经算是客气的。但他绝非软柿子，对于这类攻击，他一概"现世报"，媒体的话筒一伸过来，他立刻就酸回去，甚至还能比对方恶毒几分。这样的人设，面子上没输，却输了里子，给人一种得理不饶人的印象。

直到枪伤以后，他满头白发出现，戴着口罩，神气的样子不见了，取而代之的是一脸仓皇。"受伤后，那些日子风雨飘摇。六个月后，我第一次出门，走到街上，感觉自己就像是土拨鼠。"3月3日，他到中天与陈文茜对谈，说到了那些悲惨的日子。

这一次，他学乖了，懂得在公众面前示弱。对于柯文哲、沈富雄等人的出言不逊，他表现得非常克制，克制到令人同情。为了逼出他的情绪，陈文茜用了很残忍的一招。她在现场播放枪击案件后的录影，连战出现在画面上。

"连战先生落选两次，从未在公开场合哽咽过，因为他受到的教育就是不能表露情绪。但父亲就是父亲，虽然开票后，连战按照君子的承诺，站到台上，但他哽咽了。"画面回放，连胜文的眼圈当场红了。可是在陈文茜的追问下，他掩饰说"眼湿了"。

成熟稳重，还带一点感性，是他复出后给大家的感受。

为了参选，好几次被太太臭骂

从 2013 年开始，关于他要参选的各种传闻便不胫而走。

在泛蓝，他是实力最强的人物：外形高大，"走出去不会丢台北人的脸"（某学者原话），对妇女选票也有致命吸引力；父亲连战在两岸都是重量级人物，他自己在国际多家金融机构做过事，人脉、金脉充盈。而且，连家一向宽厚待人，朋友众多，所谓"得道者多助"。

而且，他是劣质选举文化的牺牲品，2010 年发生的枪击案，赋予了他悲情的色彩。只是他不会运用。陈文茜说他："你是一个没有政治细胞的人。"比如枪击案件，他完全可以大做文章，炒作出另一个"台湾之子"。

然而，对于这些"表演政治"的手法，他用了一句"夸自己会脸红"，一带而过。这也让喜欢他的民众开始担心，只讲枯燥的政策理念，没有激动人心的表演，没有惹火的情节，他能拉到选票吗？

而这些，也正是他太太蔡依珊所担心的。枪击案件让两个孩子差点失去爸爸，蔡依珊很长时间都在看心理医生。而连胜文对太太向来十分保护，他有一个底线是"太太绝不接受采访"。有一次在国民党中常会上，身高腿长的连胜文伸长了双腿抱肘打盹，距离他一米开外，党主席马英九正在讲话。我捕捉到这一画面，开始举起相机偷拍。他很敏感，听到快门声，立刻调整坐姿，飞快坐好。然后我摸过去，小声问他："连先生，我可以采访您太太吗？"他想了一下，摸出一张名片："这是我的助理，你联系他安排。"我很开心，以为可以拿到独家消息，可是事后再去电话，他的助理照样拒绝我："对不起，连太太一概不接受采访。"

这一次，对于他参选的决定，据说，"太太臭骂了好几次"。

为何参选？使命感推他前行

有很多人不能理解，既然连胜文的身体不是很好，家人又一再反对，他为何还要出来参选？对这个疑问，他的回答是"使命感"："我去年 52 个礼拜，出国就有 40 多趟，走过全世界那么多国家，我认为该回台湾做点事。"

"这三年，从受伤那一刻开始，我就一直在想，上帝留我在这世界上做什么？只差 0.5 厘米（就失去生命）！一直反复在想这个问题。后来我想明白了，他留我在这里，是要帮助别人，为社会做一些事。不单是台北社会底层的人民，还有很多年轻人，对未来有期待的人，希望我的投入，能帮助他们创造更光明的未来。"这就是他的使命感。

但选举，就是一场"丢大便"（陈文茜语）比赛，因为跳出来争台北市市长，他又被丢了好几"坨"，比如"权贵"，比如"妈宝"，比如"靠爸族"。

知子莫若父，连战只是淡淡地安慰了他。"我爸笑笑，说，人家攻击你的出身，以血统论，你不要太在意，只要开开心心、快快乐乐，用正面、乐观的态度去打选战。"而他自己也承认，"对于那些花招很厌恶"，但还是要"稳扎稳打，如履薄冰，把每一步都走得很踏实"。

所以从宣布参选以来，连胜文就收起身上的锋芒，不管是面对柯文哲的"乌贼战术"，还是"丐帮帮主"的嘲讽，他都表现出一副恭恭敬敬、以德服人的姿态，洗心革面重新做人的乖顺模样，让早早搬了板凳，准备收看"双文嘴炮"的民众恨铁不成钢扼腕叹息，"选情冷到底"。

其实，以连胜文的毒舌功和毕业于法律系的功底，喷口水不在话下。但他参选伊始，"连爷爷"便耳提面命"少犯错"，言下之意，希望他不要躁进，需步步为营，稳扎稳打，提防绿营的"泼粪功"和"乌贼战术"。

而柯文哲一直以"富少"定位连胜文，试图用口水把他涂抹成一个"无知靠爸族"，以此来凸显自己的"老成稳重、机智幽默"。连胜文的回应则多以感性为主：他回忆当初被子弹重创，伤愈后懵懵懂懂走上街头，一切都似曾相识；他回忆父母在受到惊吓后落泪，心灵创伤未愈；他回忆与妻子的恋爱过程，与孩子们的温馨生活，争取每一个台北家庭的同理心……

只是，当年连战先生被陈水扁"两颗子弹"的奥步（闽南语，贱招）暗算，连胜文最终也败在民进党的一个宣传片里。而那个宣传片，只是简单剪辑了连胜文自己的竞选宣传片，反过来攻击他的出身。

正如出身民进党，当过民进党文宣部主委的陈文茜所预测的，连胜文败在了只想踏踏实实做事。台湾选举早就在民进党的操弄下，变成了一场悲情秀，哭、绝食、下跪、剃光头，演得越疯狂就越有戏剧张力，越能吸引选民的关注，越能骗到选票。至于会不会做事，能不能做事，谁在乎呢？

而连战父子的教养不允许他们做出这种出格的表演，就算有机会、有题材，他们也没办法顺势而上，悲伤逆流成河，以博同情。

这，就很无奈了！

那天中午，记者会结束，我背着相机在大稻埕走街串巷，记录下这里悠闲的阿嬷、卖生鱼片的小伙儿，以及老旧的巷子里那些破败的房屋和街边废弃的便当车。此时，从一家废品收购站的电视里传来连胜文的声音："出身不可以选择，但我们可以选择要做什么样的人……"

2014 年 3 月 7 日发表于《海峡导报》

台北市议员李庆元：陈水扁"爱妻说"是为骗选票

见到李庆元是在台北，一场两岸交流的活动上，他穿梭其间，高大俊朗的外形十分引人注目。作为民意代表，又是名嘴，给人的印象一定是"嘴上功夫"了得，不是牙尖嘴利，也是巧舌如簧，或者，还应该有点攻击性。但李庆元不是，目睹了他和一位女士"答嘴鼓（闽南语，意为斗嘴）"，他铩羽而归后，反而觉得，他有些拙于言辞，也有些"大人不计小人过"的雅量。但其实，他骨子里也藏着"敢摸老虎屁股"的巨大能量，他曾出书指控陈水扁，并为此成为被告9年。直到陈水扁进了牢房，他才得以正名。

"第一个系统化出书揭露陈水扁"

记者：庆元，您好。能不能带着读者一起回忆一下，10年前您出书揭露陈水扁的经过？

李庆元：可以。在台湾，我是第一个有系统地以出书的方式，揭发陈水扁一家贪腐真相的人。其实，更早以前，我就写过《长鼻子陈水扁——阳光背后的陈水扁》。后来，又和李敖合著《陈水扁的真面目》，以这本书，把陈水扁在担任台北市长期间（1994—1998 年）干的那些事情，都摊开在阳光下来检视。

记者：这些事情，您是怎么搜集到的？

李庆元：在他当"立委"的时候，台湾媒体就有传出关于他的绯闻，我收集了这些事件的报道。另一方面，我也把采访得到的相关资讯进行整合。其实，在一个体系里，大家的人脉资源很多都是相通的，正所谓"世上没有不透风的墙"，"若要人不知，除非己莫为"。

记者：那么 2000 年前的陈水扁，就已经暴露出了哪些"真面目"？

李庆元：实际上，在他当市长时就开始洗钱了，当时他胡搞瞎搞，大搞特权。而在他当上了"总统"后，这些贪赃枉法的行为，不但没有收敛，反而更是变本加厉。直到 2009 年他去坐牢，我在接受媒体访问时就总结过，他过去 8 年来的黑钱手法和担任市长时，如出一辙。只是，一个是小污，一个是大污。

"董智深出庭为我作证"

记者：我注意到，您在书中提到他和一位女助理的绯闻，写得非常具体。

李庆元：事情是这样的。有一次，吴淑珍在家中接到一通电话，是陈水扁的女性友人打来的。吴淑珍当场就发作了，叫台北警局松山分局局长去"捉奸"。那位分局局长通过电话记录，找到了来电地点（呵呵，当时手机还不流行，查找固话还是很快的）。然后，就当场"活捉"了。

记者：这下天下大乱了！

李庆元：吴淑珍当然是要闹的，可那位分局局长就劝吴淑珍："你先生还在当'立委'，闹得满城风雨，只会毁了你先生的前途。"吴淑珍听了劝说后，就算了。后来，陈水扁当选了台北市长，认为他"劝说有功"，还违反警界升迁惯例，让这位分局局长连升三级，直接当上督察长。

记者：所以，这件事就闹开了？

李庆元：整件事情在松山分局，上上下下传得沸沸扬扬。因为当时在场的，不但有分局局长，还有两名刑事组组长，他们也都目睹了事件的经过。后来，这件事被《联合报》的一名记者——专门跑陈水扁这条线的，写出来了。

记者：那他以后这条线就不用跑了？

李庆元：呵呵，他对稿件进行了一些修饰。比如，用了"骚扰"二字，说是女性友人打电话骚扰陈水扁。其实那个女性友人，也就是陈水扁外遇的对象。

记者：所以，那位记者也是证人之一。

李庆元：是的，那位记者就是董智深，后来陈水扁告我的时候，他也出庭为我作证。在庭上，他坦承了许多事实。

"'爱妻说'其实是在骗选票"

记者：这件事，其实是挺讽刺的。陈水扁处处打着吴淑珍的旗号，打造了一个"好丈夫"的形象，没想到私底下，却也有这样的一面。

李庆元：所以，我写了一篇文章《他的爱，拥抱阿珍是如此痛苦》。每次选举，陈水扁都推着吴淑珍，到处博取民众的同情。他抱起轮椅上的吴淑珍那张照片，打动了多少人，为他骗到了多少选票！可是，他又在后面做这些事情，这不是在骗选票是什么？

记者：这件事情曝光，对陈水扁的打击是非常大的，他因此对你恨之入骨。

李庆元：他当即就起诉我。2000 年，他选上"总统"，变成了领导人，对司法就有了一定程度的管控，就利用手里的权力"追杀"我。2000 年，我的案子在台北"地方"法院被起诉；一审，被判刑；2005 年，二审遭判刑 6 个月，得易科罚金，褫夺公权 2 年。我认为，到了二审，就是政治手段。为什么？"褫夺公权 2 年"就等于市议员干不了了嘛，这不是政治报复是什么？等于把你扫地出门，踢出市议会。

记者：你也不认输？

李庆元：当然。我不服，上诉到"高院"。更一审维持原判。我又上诉，更二审，又维持原判。两次维持原判！我还是不服，再上诉！结果更三审，2009 年，陈水扁被关进大牢，呵呵，我就被判无罪了。

记者：这样和陈水扁缠斗的过程，也是需要相当的耐力。

李庆元：我固然是付出很多时间和精力，但当时，如果陈水扁能够反省检讨，我想，八年任期过去，他也不至于走到今天这个地步。

　　　　　　2010 年 9 月 18 日以《台北市议员李庆元：
　　　　　我和陈水扁打了 9 年官司》为题发表于《海峡导报》

彭爱佳与林益世："惊世夫妻"的起起落落

2012 年 11 月 9 日，林益世案首度开庭。出现在庭上的，还有他的主播妻子彭爱佳。这一对曾经在"立法院"叱咤风云的"惊世夫妻"，如今在公众面前数度落泪，颜面尽失，让人看来颇为感慨。

从云端跌落凡尘，这样的滋味不好受。出现在公众面前的彭爱佳，面容憔悴，神态惊慌，完全没了昔日"立院一姐"的派头。这不免让很多平日里熟悉她的人，叹一声："早知今日，何必当初。"

"党鞭""一姐"夫妻档

说到林益世和彭爱佳，就不能不说到台湾"立法院"。

彼时，林益世是"立法院"国民党阵营的大党鞭，一手操办党与"院"的沟通，权力非常之大。据说，他得以打败"小辣椒"洪秀柱取得党鞭地位，全仰仗马英九一手提拔。一个 40 多岁的人，在强手如林的台湾政治丛林中一枝独秀，得到领导人的青睐和重用，这不能不让人解读为"万千宠爱在一身"。

彼时，彭爱佳是党政口的资深记者，在媒体圈摸爬滚打多年，因个性强、言语辛辣，被大家尊为"立院一姐"。

虽然这样的个性也有人理解为个性爽直，心直口快，爱恨分明，但在林益世案发后，每每有两岸记者一起吃饭的场合，台湾记者提起与彭爱佳共事过的日子，更多的还是表现出"墙倒众人推"的世态炎凉。

这与陈水扁在"海角七亿"后，在台湾仍有"粉丝"，仍有人同情的状况大不相同。

让人羡慕嫉妒恨？

在彭爱佳之前，林益世其实有一个相恋15年的女友。直到被《苹果日报》拍到他和彭爱佳牵手的照片，二人的恋情才大白于天下。然而，当时彭爱佳仅承认两人交情不错。

虽然有些这样那样的传闻，但林益世的"够义气"，也让一些人感怀。一位台湾政坛的名人，就曾向我私下透露，在他最需要帮助的时候，林益世曾伸出援手拉了他一把，而且不计任何回报。

而彭爱佳，也非完全蛮横无理，"每当有访客，她都会将对方送到电梯口"，礼数周到。

也许，正是这一对夫妻的高调行事，将他们送到了舆论的风口浪尖，及至弊案爆发，不可收拾。

夫妻竟成新闻伦理问题

除了传闻的种种，大家一致反对的，其实还是彭爱佳和林益世在夫妻关系下的"采访与被采访者"关系。

彭爱佳嫁给林益世后，照样当她的"立院一姐"，和林益世变成直接采访关系，在"立院"上演"党鞭""一姐"夫唱妇随剧目。林益世转任"行政院秘书长"后，发生彭爱佳在采访"NCC"记者会上，高分贝大呛"主委"。此事传开来后，"仗势欺人"的名声也随之传开。

回想 2006 年，彭爱佳和林益世在高雄举行大婚，拍婚纱照时，彭爱佳随口讽刺赵建铭"今天拿蓝钻，明天吃牢饭"，不想一语成谶。

此后，台湾网友制作了一组金钟奖得奖名单，林益世以《一刀毙命》获"戏剧节目男主角奖"，彭爱佳以《你要喝什么茶》获最佳女主角，林益世的父亲林仙保以《我重听什么都没听到》获最佳男配角，母亲沈若兰则以《美金放火烧》获最佳女配角奖。

还有毒舌网友，改编了知名女歌手赵咏华的名曲《最浪漫的事》："我能想到最浪漫的事，就是和你一起慢慢数钞票，一路上收藏八三零零的欢笑，留到以后坐在牢里慢慢聊。"

这真是，"机关算尽太聪明，反算了卿卿性命"。笨一点，也不是全无好处的！

2021 年 11 月 19 日发表于《海峡导报》

女主播汪用和：当"立委"爱上女主播

过着纯都市化生活的汪用和，像每一位职业女性一样，有着一片自由的天空任由挥洒。在外，她是精明干练、睿智而阳光的女主播；在内，她与丈夫唇齿相依，相濡以沫。她的丈夫，就是台湾知名"立委"周守训，两人的强强联姻，写就了一段"名嘴"与"立委"的佳话。

台北不相信眼泪

欣欣向荣的台北，用它的血肉灵魂滋养了这个叫汪用和的台北女生。汪用和与这个都市血脉相连、荣辱与共。她的故事，她的气息，就是台北的故事，台北的气息。

"工作的时候认真工作，休闲的时候用力玩乐。"这是汪用和对自己生活状态的诠释。从一名小记者一路闯到新闻主播，最后成为名嘴，她所付出的辛劳和努力，我们无法想象。台湾记者拼新闻的专业和劲头，体现在汪用和身上，就是清瘦。

可她却形容自己"很能吃！"据说第一次和周守训约会的时候，她自顾自埋头猛吃，完全不管淑女形象，搞得一旁的周守训很是郁闷："这个女孩，怎么连装都不装一下呀？"可是，正是她的率真，她的"能吃"，给周守训留下了深刻印象，他从此被这个有独立个性的女孩"套牢"。

台北不相信眼泪，职业女性想要出位，只有一条路，那就是努力工作。汪用和很"拼"，拼到连接受采访的时间，都要利用晚上上节目前化妆的空档。在中天化妆间，她一边接受化妆师往她脸上涂抹彩妆，一边回答我的问题。上唇彩前，她还要提醒："不用中断啊，你可以继续提问。"

坚强、抗压，高效利用每一分钟，这就是清瘦的汪用和留给台北的一张美丽剪影。

抗压能力超强的弱小女生

作为台视主播，汪用和被誉为"空谷幽兰"。她口齿伶俐，气质不凡。有人评论，她的作品篇篇精彩，字字珠玑，是丰富的想象力与智慧淬炼的结晶，有如空谷之幽兰，散发出清新又令人陶醉的馨香。

虽然现在已经淡出主播圈，汪用和一样是每天行程满当：上午，她要与电视台连线，对当天的时政新闻进行评论；下午，她坚持去医院调养身体，因为正在专心"造人"，她对小家庭的未来充满信心和憧憬；偶尔，她还要主持一些活动，并帮助打理慈善事业。

这个毕业于北一女中的优秀女生，有着典型台北女性的独立、坚强性格，并对一切充满了好奇和爱。

若干年以前，汪用和曾经做过一次压力测试，医生告诉她：

"你的压力已经超过正常值三倍，可是你已经习惯了。"那时的她，刚调离记者岗位，成为节目主持人，因为习惯了心理压力，她感到一切都"还好"，没想到反而是身体发出了警讯。

于是，她开始在紧张的生活中"找时间"，给自己放个小小的假。汪用和形容，"曾经有过很棒的一段时间"。那是在婚前，当时她在台北有个小窝，只有二三十平方米的小公寓。每到周末早晨，她会先把窗户打开，让新鲜空气进来；然后，把地板拖到一尘不染，光着脚在屋里走来走去；再然后，在茶几上放些小点心，泡上一杯喜欢的咖啡，她能躺在沙发上看一整天的书。"不用与人接触，不用到处奔忙"，汪用和直言，这样的状态非常非常享受。

而平时，汪用和也会经常"犒赏一下辛苦工作一天的自己"。她用的方式就是"吃一顿好的！"台北集合了大陆各地的美食，徽菜、鲁菜、浙菜、川菜、闽菜、粤菜、苏菜、湘菜等菜系应有尽有，还有各地美食和地道台湾小吃，这些色香味俱全的食物，满足了口腹之欲，也抚慰了这个小女生劳累的心，让她能勇往直前。

也许，这就是台北的做派——认真工作，用力玩乐！

天秤女遇到处女男

后来，天秤座的汪用和，遇到了处女座的周守训，一样注重内心感受的两个人，找到了心灵的共鸣。

因为两人还没有"小朋友"，先生工作也忙碌，汪用和与周守训的二人世界很简单，这也让她自觉比很多职业妇女"幸运很多，不会每天像打仗一样地活着"。

对于丈夫，汪用和十分信任："他的生活被行程排得满满的。"她唯一会"管"他的，就是饮酒的部分，"希望他少喝一点"。事实上，周守训与汪用和，一直都以极"甜蜜"的形象出现在众人面前，把周守训当小老弟的李敖就曾开玩笑说，周守训的脖子被老婆掐得紧紧的，不可能有余力闹绯闻。

而汪用和管丈夫的心得就是——从不设防，"会作怪的总会作怪，防不胜防，重要的是他自己的心"。汪用和认为，看一个人的性情，就要看他的父母，如果父母奉公守法，感情很好，那这个家庭走出来的孩子也差不到哪里去。

当然，婚姻也需要用心经营，每天出去或回来，汪用和都会给先生一个"爱的抱抱"。遇到不开心的事情，汪用和也会选择用直白的方式表达，"刚才这件事让我感觉不好，或是感到很受伤"，而不是生闷气。

这样一对夫妻，一个是"名嘴"，一个是"立委"，两人都是口才过人，吵起架来会不会很"壮观"？汪用和却说，家是一个讲感情的地方，往往吵到最后，先生会先让步："算了，我吵赢了又怎样？吵赢了不过是暂时爽一下。"退一步讲，就算双方都在讲道理，但讲到最后伤了感情，还是得不偿失。

而汪用和也坦陈，自己是忘性很大的人，可能一觉醒来，所有不快的事就会忘了大半。"没有人是十全十美的"，看到对方缺点的同时，也要看到对方的优点。虽然周守训有时也感觉，这个

"主播老婆"很难对付，但这又怎样？在心底有爱的两个人眼里，只要相守的那一个一直在身边，一切就对了！

2009 年 12 月 13 日发表于《海峡导报》

第七章

联结两岸的纽带

历史是由人写就的。在两岸，有这样一群台湾人，他们愿意为了民族崛起，祖国统一，奉献自己的心力，矢志不渝。

岛内"太阳花学运"的时候，有些亲绿的电视台，会做这样的局：现场6个嘉宾，4个是绿的，挺"太阳花"，2个是统的，反"太阳花"，现场加上主持人，形成5个欺负2个的局面。当时经常被请到电视台被"虐"的有聂建中、王炳忠、蔡正元等人。有一天我实在看不下去，打电话给聂建中，告诉他："聂教授，我代表祖国大陆14亿人挺你。"他说："听到这话我眼泪都要掉下来了，最近真的很辛苦。"

绿营因为对媒体的长期经营，霸凌统派人士真的是无所不用其极，而且极其嚣张。民进党用来骗选票的一句话是："我可以不赞同你的观点，但我誓死捍卫你说话的权利。"但这是假的，王炳忠、侯汉庭、林明正被起诉就说明了一切。

也因此，我特别佩服那些能在岛内勇敢发声的统派人士，说真的，目睹他们的遭遇，我相信更多人愿意做"沉默的大多数"，因为那样至少不会惹祸上身。而这些游走两岸，真真切切在为两岸和平做事的人，更值得被铭记。

文官江丙坤：年少家贫 常扒火车上学

在台湾，江丙坤是技术官僚，有"国民党头号财经战将"之称。他生于1932年的台湾中部南投地区，因为出身贫苦的农民家庭，身上"泥土性"非常强，为人淳朴，能吃苦，勤奋向上，有韧性。

2014年3月24日晚，江丙坤以"海基会前董事长"的身份与"新闻局前局长"江启臣在台大进行对谈。春寒料峭，82岁的江丙坤自始至终坐得笔直，思路清晰，两个小时的时间保持着良好的学者风范。及至对谈结束，我飞快地蹿到主席台下，想要专访他。结果他看也不看我，说了声"稍等"，面无表情继续往前大步走。

这就很不正常了。台湾的官员对记者非常谦卑，因为记者的笔和镜头常常可以成就一个官员，也可以"毁"掉一个官员。我曾经听台湾同行说过，几个跑军事的记者，因为不满当时的某位"国防部长"在记者会的表现，直接"拉出去打一顿"的奇闻，所以本以为很有把握的访问，却突然被拒……发生了什么？

我不甘心，一路小跑猛追，直到把他追进了男厕。好尴尬！

最后，一脸轻松的他在厕所门口成就了我的一次专访（小声告诉大家一个窍门：采访对象在这种情境下状态最放松，很容易打开心防）。

少年刻苦向学，备尝艰辛

江丙坤出生在日本殖民统治中期。彼时，在台湾的土地上日本人是"一等公民"，本地人士只能屈居"二等"，在以农业为主的中部地区，草根阶层的贫苦可想而知。

江丙坤的父亲叫江水，父亲劳作到80岁，吃饭碗里不留一粒米，台湾人坚忍、惜物的好品格，都通过父亲言传身教给了他。江丙坤满怀深情地说："父亲是影响我一生最大的人。"而同时，父亲又是讲道理、仁爱的，他不打骂孩子，为人有礼好义，讲话条理分明，从不会疾言厉色。

不到10岁，江丙坤就加入劳作，上山垦荒，闲时读书。但那时的台湾孩子成绩再好也只能上一些技术类学校，"贵族"学校是留给日本孩子和日本人看中并加以培养的少数台湾孩子的。所以，初中毕业，他上了农校。

"我们那一代人，都是吃苦长大的。"江丙坤说，他读了六年农校，习惯于每天凌晨4：30起床。

当时，江家住在南投乡下，要到台中上农校，得坐两个小时的小火车。为了准时到校，他凌晨4：30起床，步行一个小时到车站赶早班车，坐两个小时的火车以后，再步行半小时到校。算起来，他每天花在路上的时间要六个小时。

当时没有闹钟，如果妈妈和姐姐睡过头，他就没有早饭吃了。误点的少年只好饿着肚子，抱起书包，撒开脚丫子一阵猛跑去追火车。平时一个小时的路程，他跑个二三十分钟就到了。跑进车站，小火车正好徐徐开动，他飞快地扒上火车，赶去学校点卯。中午没饭吃，只有等晚上到家了，才有一顿晚饭。江丙坤说，有时候他给年轻人讲这些事，还有人问他："你中午不会买便当吗？"

贫穷的少年一心向学，珍惜每一个学习机会，而少年时的磨炼，也养成了他吃苦耐劳、尽忠职守的品格。

1951 年，开明的江水筹措到 55 元新台币，19 岁的江丙坤提着一只破皮箱，来到了台北求学。

青年留学日本，鼓励青年们报考公务员

1960 年，28 岁的江丙坤考取中国国民党第一届中山奖学金，翌年，负笈日本，半工半读。"我在日本 13 年之久，有一段时间曾在'大使馆'工作。"他说，因为经常要为赴日考察的台湾官员当翻译，回答他们的疑问，因此对日本的政治体系进行了深入的研究和学习。

"在推行所谓的文官体制方面，我赞成我们学习日本而不是学美国。"因为中华文化影响着台湾人的思考和行动，而日本完全是学习中国的文化和伦理，所以日本的体制较适合台湾。"美国主张效益，不重伦理辈分。我们可以科技学美国，体制学日本。"

日本第一流的学生，毕业后会去报考公务员，做文官，而台大第一流的学生，毕业后会去当教授、科学家等。"日本的文官个个优秀，一流的头脑去做文官，这个国家就会变得优秀。"因此，他很希望也鼓励台大一流的学生毕业后去做公务员，到公务部门进行训练。

日本现行的三权分立的文官体制，让他心生向往。"这种脚踏实地，善用人才的制度，把大家变成像工厂的机器一样，方向一致，同步向前。""台湾'立法院'周三周四那种画面（打架），我相信大家都很不喜欢看。"江丙坤说，希望台湾当局正视并修正这个问题，改革体制来克服"立院"乱象。

回忆为官经历，江丙坤说，过去在行政机关最痛苦的事情，就是没有"立委"为行政决策背书，导致政策难以推行，"服贸协议卡在'立法院'，就是一个笑话"。对选举"立委"的"游戏规则"，江丙坤也提出了自己的看法。他还建议推行"内阁制"，从"立委"里面提拔优秀的、表现良好的出来，担任"部长"。

"陈云林是个非常好的人"

在江丙坤任上，举行了八次"陈江会"。回忆过往，江丙坤说："陈云林是个非常好的人，一直都很照顾我，也很细心，气度不凡。像我们去大陆，他把行程、细节都安排得很好，对此，我很感谢他。现在我们已经成了非常好的朋友。"

"第一次陈云林来时，台湾民众表现出的那种热情、那种欢迎让人印象深刻。可是到第八次，大家慢慢就习以为常，媒体反应也不同了。"他说，记得陈云林第一次去看马英九，团队花了很多心血，去讨论、完善中间的各种细节，第一次见陆委会主委赖幸媛也是。但到后来，陈德铭会长和王郁琦主委的会面，大家习以为常。"两岸关系从以前的新鲜、敏感，慢慢变成不新鲜，习以为常，就是如此一步步往前走的，这才是交流的必然过程。"

我说："第四次'陈江会'在台中举办，我在现场，记得当时你发表讲话时说过'我们在前线谈判，后面我们的民众在抗议'。"他无奈地笑了，说："台湾的情况就是这样，民进党有些人是'逢中必反'。但实际情况是，如果你不去谈判，问题就永远卡在那里，没有办法解决。我们是为了民众的利益在谈判，谈判的过程也很辛苦，并不是像他们所说的在'卖台'，大陆方面也做了很多让步。可是尽管这样，他们也一直在抗议。"

2014 年 3 月 17 日发表于《海峡导报》

【后记】

2018 年 12 月 10 日，刚刚到厦门参加过两岸企业家峰会的江丙坤，在台北去世，享年 86 岁。

江先生，一路走好！

台湾"救难英雄"欧晋德：奔走在两岸的那些日子

在我认识的台湾政要里面，欧晋德先生算是最有缘的一个，同是厦门人，一同进汶川救灾，这些年兜兜转转还经常能碰面，我淘气地叫他"欧叔叔"。

台湾高铁背后的那位老人

乘着台湾高铁，96 分钟，我从北到南走马观花地浏览了一遍台湾。对台湾高铁，我的印象与回忆是充满温情的，人与事交织，故事与数字齐飞。

台湾高铁董事长欧晋德，一位睿智、亲和、幽默的长者。在汶川地震、温州动车特大事故时期，我都曾与他有过交集。他说，他来自厦门，6 岁随家人赴台，印象中的厦门，就是当时坐在离厦的轮船上回望，渡口那一排"渐行渐远的红房子"。

时光回溯到 2008 年，那时大陆还没有动车。

那一年，汶川地震抢在奥运之前发生。

当时的欧晋德，刚从台北副市长的位子上退下来。他的老长官马英九高升为台湾"第一先生"。他作为"9·21"大地震时受蓝绿媒体热捧并迅速崛起的"救难英雄"，带着一支 60 人的救援队伍，到四川援救。

那一次，我随团采访，亲眼看着他带队进山，看着他在废墟上搭起帐篷，看着他用英文流利回答外国记者提问，看着他机智避开台湾绿媒的提问陷阱。甚至，离开那一天，我亲眼看他负了伤，一步一拐走在楼道里。

在电梯里，他问我："家人是怎么称呼你的？"我说他们叫我"东东"，从此他便这样叫我。13 年，每次见面，他必是第一时间满脸慈祥的笑容——"东东！"

2009 年，我被派驻台湾三个月。

第一次乘坐高铁，我兴高采烈地给他发了条短信，说："正坐在高铁上呢。"他回电，说"什么时候方便，请你吃饭"。但这个"方便"的时候，却一直没有到来。我想，政治人物习惯的敷衍用词，不必当真。

直到要离开，我受报社安排，去对他进行一次专访，地点就安排在他的办公室。

他很热情，拉着我看他桌上的摆件、墙上的画，讲后面的一个个故事给我听，从亲手安放 101 大楼最高处那颗螺丝钉，到台湾那些重大工程后面不为人知的小故事，最后他说到最近发生的一件事。

他说，有一个周末他带着孙子和老伴上街，才一露面，就被一群媒体记者围追堵截，追问"何时'入阁'"，最后只好让老伴和孙子先回家，从此尽量少出门。

作为一个跑了六年台湾新闻的老记者，我了解他没有说出来的那层意思。当时，坊间正盛传他要"入阁"，他是媒体围追的炙手可热的政治人物，一举一动都要十分小心。与一个大陆记者接触，也许会被"抹红"，甚至被安上各种莫须有的罪名。

2011 年，温州动车特大事故，第二天我电话采访他，他说的一句话让我印象深刻："不是天灾，是人祸。"作为土木工程的专家，欧晋德虽然没有到达现场，但身在海峡那边的他也非常关心事件的进展，不错过媒体报道的任何一个微小细节。

2012 年夏季，我再次驻点。

在一次晚宴上，看到他坐在主宾席，我端着杯子远远绕过去敬酒。酒精过敏的我，一向滴酒不沾。

主动敬酒，于我，是第一次。

同时逆行，约好地震灾区见面

2008 年 5 月 12 日下午，汶川地震发生。

14 日晚，我在 MSN 上和台湾朋友聊天的时候，她告诉我，台湾也曾经发生过一场很惨烈的"9·21"大地震，当时指挥救难工作的是时任台北副市长的欧晋德，他身先士卒，从废墟中背出伤者，因此被媒体称为"救灾英雄"。

我说，你能找到他吗？

她说，我已经离开新闻战线很久了，难。

于是，第二天，我找了台湾中广新闻的资深记者缪宇纶，他是国民党中央党部记者联谊会会长，欧晋德是国民党中常委，我想老缪应该有他的联系方式。果然，老缪马上就把他的电话给了我。

我拨通了欧晋德的电话，说明来意，他很配合，电话里我们聊了好几个小时，从"9·21"地震，到救灾经验，到当下汶川的情况，他都很了解。虽然他语速很慢，但表述问题逻辑清晰，很有耐心地一一回答我的提问。

一个上午过去了，结束采访，我去菜市场买了一把花，准备回家写稿。路上，接到单位领导的电话："台湾方面宣布派救援队伍进川，明天出发，你随行吧！"我一搜，救援队长正是欧晋德，再打他电话——关机了！

我当机立断，马上打车回家写稿，同时打电话订第二天早上第一班飞成都的飞机。晚上，我终于联系到了欧晋德，他听我说明来意，笑呵呵说道："欢迎。"我们约好第二天成都双流机场见面。

专业救灾：一个洒水决定救了很多人命

在那个采访电话里，他跟我谈起1999年台湾发生的那场"9·21"大地震。

欧晋德当时是台北市副市长，分管着整个台北的救灾工作。

那场灾难发生在凌晨1:47。欧晋德从睡梦中被震醒后，来不及看一眼家人，就往台北市灾害应变中心赶。路上，欧晋德接到一个电话——台北东星大楼倒塌了。这幢楼共 12 层，住了 200 多人。不由分说，欧晋德马上转向奔往东星大楼。凌晨 2 点多一点，欧晋德赶到现场。东星大楼 12 层的柱子已被压碎，1 到 8 层全部埋入地下，只剩 9 到 12 层还在地面。

他来不及多想，迅速冲进楼里几趟，背出了几名受灾人员。等救灾队员陆续赶到后，欧晋德又担任起现场指挥。到凌晨 3∶30 左右，他们从瓦砾堆里救出了 60 多人。

然而，这时大楼里突然蹿出火苗，而且越烧越旺，他只好指挥消防队员拿出水龙头救火。这个行动，让现场的民众有一些不理解和反感："房子都垮了，人压在下面，你怎么净洒水呢？"可事实证明，欧晋德当时的决定是对的：一方面，洒水延缓了大火的爆发；另一方面，许多被陆续救出的伤员，都是靠收集渗到地底下的水，维持了一线生机。有被救民众说："被压在地底几天，没吃没喝的，还好天天下雨，我们才活了下来。"可是，那几天台北市都是艳阳高照啊。

如果说他当时的快速反应，只是尽到了一个副市长的职责的话，后来的一个细节，却让人们感动至深。那是救灾工作进行到第六天，人们从废墟中背出了一对兄弟。这对兄弟姓孙，是在中午时间获救的。他们被埋 6 天，靠着身边一台冰箱里的腐烂食物，活了下来。被救出地面时，兄弟俩的身体已经十分虚弱了，大家都赶快给他们递水递食物。这时，欧晋德做出了一个谁也想不到的动作。他回身用两手遮住了两兄弟的眼睛，因为在地下 6 天，他们的眼睛已经无法适应地面的强光，中午的太阳将对他们造成伤害。这个不经意的小细节，迅速被在场的记者用直播的方式传了出去。民众十分感动，大家对他的认识，除了专业、敬业外，又多了一份无法言喻的亲切。

所以，"救灾英雄"的名字迅速流传开了，人们用这四个字，表达了对他的肯定和赞赏。

"死亡是很沉重的"

虽然已经过去 13 年，但是谈到汶川地震，很多场景历历在目。欧晋德说："死亡是很沉重的！"在现场，我们眼睁睁地看着很多人因失去家人而痛苦、悲伤、绝望，那种无力回天的感受，至今难忘。

采访中，欧晋德曾提起他在"9·21"救灾工作中的宝贵经验。他说：首先，要集中全力调动大型器械到现场，因为地震中人被埋得很深，需要运用起重机这样的"大家伙"，才能搬动废墟；其次，要有一支训练有素的部队，分区进驻，进行搜救工作；还要成立急救中心，把附近几个区的医药资源都调配过来；要成立一个指挥中心，对所有运过来的后勤资源进行统一管理，并在短时间内进行调配，才不会浪费；另外，还要有工程队配合，对灾区的水电运送系统进行检查，制定出一套水电运送的方案；最后，就是对亡者的处理，要细心，避免对家属造成刺激和二次伤害。

但是在汶川，兵荒马乱，他又是异地救援，除了台北带来的装备和一只叫贝利的搜救犬，他能调动的资源有限。

但是，他们很努力。

刚到灾区，我们一堆两岸记者围着他群访。台湾三立电视台的记者给他"挖坑"："为什么我们没有第一时间进来救灾？"地震发生后，台湾方面马上集结了救灾人员，但是他们进到灾区已经是第五天，所以队员们颇有怨言。但欧晋德不慌不忙地反问他："我想说，我们到人家的家里去，是不是要尊重主人的安排呢？是不是要给主人一点点准备的时间呢？"

我问了他一个问题："您已经65岁了，翻山越岭会有困难吗？"他笑笑说："我平时都有坚持长跑，当然，也会尽量不给大家添麻烦。"可在三天两夜时间里，他时时刻刻与队员们在一起，爬废墟，搜心跳，进深山，甚至还有一次，因为在行动中接听台湾总部的电话，摔了一跤。临走的时候，他走路还微瘸着。

17日，我跟着他们进汉旺搜救，越往里走，尸臭味越重，有些人戴上了防臭面罩。有一位同行带了一瓶白酒，在大家脸上、手上消毒。路边，居民用砖块架起锅煮饭。人在大型机械中穿行，废墟中满目疮痍，头顶不时有直升机飞过，一派悲凉。欧晋德找了一块空地，架起简易帐篷，铺开汉旺地图研讨方案。我早上吃过两块面包，喝过小半瓶矿泉水。摸到包里存的两个水煮白鸡蛋，我分了一个给欧晋德，他很高兴："呵，我正需要。"一只手敲着蛋，另一只手还在地图上比画着。

地震后72小时是黄金救援时间，台湾搜救队进驻的时候，已经过了"黄金救援时间"。虽然欧晋德一到现场就指挥洒水，不顾安全亲自攀上瓦砾堆（当时余震频频，瓦砾堆随时会塌），试图用他丰富的经验，找到一丝间隙，倾听到一点呼吸。但是，无论是搜救犬贝利，还是仪器，都没有任何反应。只有一次，贝利扒着一处土堆狂叫，仪器也滴滴个不停，但是，挖出来的是一具尸体。其间，他们还救出两只小狗，在无人搜救区找到一名罹难者。

在汶川大地震后的第 7 天，欧晋德终于决定放弃搜索。当队员们整理好装备，坐上车准备离开时，一名当地的居民满脸焦急地跑过来，拍打着车门，急切求救："我的家人还在瓦砾堆里，我听到他的手机在响，他还活着！求你们救救他吧！"听到民众的呼救，欧晋德二话不说，马上带领着队员们拿出刚刚收拾好的装备，再次出发了。可是，顶着烈日，队员们在瓦砾堆里搜索了两个多小时，除了搜救犬贝利努力搜寻，队员们也运用了生命探测仪、生命脉动探测器等仪器搜寻，始终没有探测到任何生命迹象。最后，他们无奈地放弃了这次搜救行动，收队回家。

我在灾区遇到时任海协副会长的张铭清，他说："这是两岸的一次契机。"确实，当时台湾出钱出力，不顾安危赶来支援的义举，感动了很多大陆民众。"台湾最美丽的风景是人"这句话，应运而生。

众望所归的男人

马英九主政台北市的时候，欧晋德是台北副市长，也是台湾第一位"大地工程博士"。他的专业背景，让他成就了很多大工程：比如，台北 101 是他亲自督工，101 塔尖上那根避雷针，是他从直升机上吊着钢丝下来亲自安装上去的；比如二高、北宜高的建设；比如桃园机场的设计……台湾"十大建设"有很多与他有关。

而他出任台北副市长，也是连战在游说他之后，亲自推荐给马英九的。但马英九是出了名的"工作狂"，白天事务繁忙，晚上批阅公文时，还经常打电话询问，这一度让欧太太颇有微词。但在他生日的时候，马英九会直接到他办公室，亲自感谢他的协助。

因为出众的专业背景和行政历练，加上在民间声望很高，所以每次只要选举，坊间就会有传闻"欧晋德要出来选了"……可他一次都没出来。他也养成了习惯："越到选战临近，我越要低调，不然他们就会开始传，欧晋德要出来选了。"躲狗仔，成了他经常要做的功课。

2009 年我去他高铁的执行长办公室，他很开心地给我介绍他办公室的摆设，一张画，一个雕塑，背后都有一段人生故事。临走，他送了我一本书——《爱是行动》，是台湾记者陈芸英采访他在"9·21"前后的故事写就的。

去年，欧晋德到厦门，邀请他来的姐姐偷偷告诉了我。于是我来到他的临时办公室，突然出现，他哈哈大笑说："东东，又看到你了！"

2021 年 5 月 12 日，汶川地震 13 周年，我一早给欧晋德打电话，他在电话那头很伤感："现在两岸撕裂这么厉害，我们当年的努力都白费了。"他说，目前解决两岸的问题需要有大智慧，也需要有包容心，不甘心眼睁睁地看着所有的努力付诸东流，可是毫无办法。

很不舍，也很痛心。

2021 年 6 月完稿于厦门

"老爷子"郁慕明

有"台湾政坛小诸葛"之称的郁慕明,在"新党三杰"王炳忠等人口中是"郁老爷子",私下里简称"老爷子",听起来就有种"老佛爷"的威严。真的,看起来温文尔雅的老爷子,脾气其实相当火爆,对党工要求也非常严格。但是,玉不琢不成器,新党的孩子们在老爷子的打磨下,个个战斗力十足,以一当十。

"靖东先生"

第一次见到郁老爷子,是在新党十九周年党庆上。我因为跟新党的市议员陈彦伯是老朋友,所以受彦伯之邀,前往参加新党党庆。

说真的,那场党庆办得有点"寒酸",虽说是以"嘉年华"形式庆祝,但也只是在台北火车站广场摆出了 20 个临时小摊位。现场有个拍卖会,拍卖的各种工艺品琳琅满目,我仔细一看,大都来自大陆,上书"某某省市赠"的字样,其中还有两件厦门市政府赠送的漆线雕。新党的窘境可见一斑。另外,现场还售卖小吃、饮料,以及举办射击、命理等互动活动。主办方称,现场不收现金,民众以募捐形式参与活动。

七八月午间的太阳相当热辣，党员全都身着红蓝配色的 T 衫，因为面前有"青天满地白日红"的标志，这可愁煞了拍照的我，到处找角度，忙出一身汗。从 2 点开始，郁老爷子就在现场四处巡查，看看哪里没有准备好，并与党工一一握手致意。时任"立委"的吴成典，市议员陈彦伯、王鸿薇也都在现场。

在第一排，我看到身着古装扮演戚继光的王炳忠，那时他还是学生，一脸青涩，不知道是哪里没有弄好，老爷子当场就黑了脸训斥，大有家教森严之感。这时，有党工让他"消消气"，递给他一根棒棒冰，老爷子接过，边走边咬，相当接地气。

发表现场讲话的时候，他说，自己从 1971 年就开始参与保钓运动，保钓是他从政的理想之一，今天募捐的所得款项将用于购买钓鱼岛山头，作为台军实弹射击演习靶场。所以，几天后，再次采访保钓议题，我打电话约他。他说，你来新党党部吧。

相比国民党和民进党，小党新党的党部也显得很简陋，老爷子的办公室就一张办公桌，一个沙发，四处堆满了书。他就坐在书堆里侃侃而谈，思维敏捷。第二天，稿子见报，我把链接贴到了他的脸书评论区，没想到老爷子很快就回复："谢谢靖东先生。"旧时有尊称女性"先生"的习惯，但我觉得自己这么资浅，何德何能被尊称"先生"，所以谦虚了一下，回复道："不是先生哦，是小姐。"

没想到郁老爷子也顺势"自黑"了一把："哈哈，老头子记性不好，记错了。"

阴差阳错来到台湾

郁老爷子祖籍山东，他的父亲叫郁元英，家族后来迁上海。家族产业"郁良心堂"当年在上海名气颇大，郁家还办过 6 所小学，供清寒子弟读书。到郁元英这一代，郁家只有一位男丁。郁慕明的祖父母觉得多子多福，于是郁元英生育了 17 个孩子。最小的郁慕明，人称"郁十七郎"。

1945 年台湾光复，但民生凋敝，急需生活用品。1948 年，郁元英决定去台湾投资，原本打算带着次子郁慕渠和一个女儿前往。没想到临行前一天，郁慕渠的书包还没收拾好，教子甚严的郁元英勃然大怒，改带 8 岁的幼子郁慕明去了台湾。不料时局动荡，父子（女）三人竟然就滞留了一甲子。

老爷子回忆起父亲，印象最深的是父亲那一身文人做派："他是一个非常传统的人，花很多时间在诗词和昆曲上。"而父亲的传统，也体现在郁老爷子身上，他爱憎分明，很讲原则，对小辈也管教甚严。用他自己的话说，是"有其父必有其子"。

郁元英过世那天，时任"立委"的郁慕明匆匆将父亲送进了太平间，就连夜赶去了"立法院"，为了推动"战士授田"议案，与同为"立委"的陈水扁"斗法"。一天之后，议案终于过关，郁慕明像得胜的将军一般走出"立法院"议场，国民党老兵的掌声潮水般涌起。那一刻，郁慕明泪流满面。

参加海峡论坛，为两岸交流奔走

2016 年，海峡论坛前夕，我接到炳忠电话："老爷子说想在厦门开记者会，是否可以借用贵宝地？"我说，这个我可不敢答应你，因为没有先例，我得请示领导。炳忠说，行，老爷子也会再找找其他场子，咱们双管齐下，一起努力。

其实在 2016 年，还真没有台湾政党在大陆开记者会的先例。敢不敢当这"吃螃蟹的第一人"，以及这中间的政治风险，我这个有十几年经验的老记者，也不是很有把握。但是，我也深知老爷子的不容易。在台湾，统派的声音很难传出去。我记得第一次应邀参加王炳忠在台大办的论坛，现场只有我一个记者，底下学生寥寥可数，其中还有好几个是来呛声的。还有一次新党办的"反课纲"的活动，底下一个《自由时报》的记者，更是直接跳起来跟台上的老师对呛。所以，如果在大陆也没有统派发声的舞台，那他们怎么坚持下去？

所幸，海峡导报和福建日报的分管领导都十分支持，请示相关部门，也表示"可以办"，因此我们就将这次记者会定为"两岸中华儿女交流座谈会"。我决定自己当主持人，一方面，我需要控场，另一方面，我是大陆人里最了解"新党三杰"的人。

交流会时间定在 13 日晚上，地点就在海峡导报大会议室，可以容纳两三百人。前一晚，我和炳忠、汉廷、明正、苏恒连夜彩排，沙盘推演整个交流会进程，以及可能出现的读者问题……我们一直推演到了凌晨。

第二天，老爷子准时出现。6月的厦门，天气炎热，他照样西装革履，头发纹丝不乱，风度翩翩。"各位年轻的朋友，我是中国人，我是中华儿女。"他用了这句话作为开场白，开宗明义，赢得现场一阵热烈掌声。当天导报的会议室座无虚席，没有抢到位置的读者甚至直接站到后面，两岸几十家媒体长枪短炮，把导报的会议室挤得满满当当。有一位特地买机票从香港赶来的读者，见到偶像甚是激动，发言一结束就直接跑上台要求合影，炳忠也带来了自己的书送给粉丝们。

时间推移到2019年，同样是海峡论坛，我们报社主办了第二届"两岸涂鸦大赛"，我是操盘手，因此邀请郁老爷子站台。6月的天，上午10点，集美大社戏台，爱国华侨陈嘉庚宗祠前。我没有料到的是，才上午10点，大社的阳光竟然暴晒到，现场一台手机直接黑屏、宕机、阵亡。因为是正式活动，当天所有嘉宾皆衬衣西装，坐在阳光下暴晒，现场的我心里暗暗叫苦："老爷子年届80，经得起这样毒的日头吗？要是把老爷子晒中暑了，我就成了千古罪人。"没想到，老爷子依旧风度翩翩，上台讲话时说道："今天天气很热，这么大的太阳晒着，也让我们感受到了选手们在这样的天气里，户外作画的不容易……"一番话如清风徐来，缓解了现场的尴尬，我心中的大石头才落了地。

活动结束后，我多次问陪同的苏恒"老爷子身体怎样？"苏恒性格比较"男人婆"，她直来直去："没关系，老爷子很硬朗。"

80 高龄玩抖音开直播

2017 年，我们开始转型做短视频、直播。我们做了第一档栏目叫《蔡后驾到》，请了"新党三杰"做评论员，也开启了短视频合作的探索，个人 IP 的培育。

我于是又开始打老爷子的主意。有一天，我给他打了个电话，建议他自己出镜录短视频。因为我和老爷子是脸书好友，他经常在脸书上发表文稿，说两岸历史，打"台独"，拨乱反正。而老爷子的修为、形象和口才，不做短视频是可惜了。

电话那边，老爷子沉吟了几秒，说："我考虑一下，过几天让炳忠帮我试试看。"

过了几天，没看到动静，我想，可能老爷子事务繁忙，忘记了吧。然而，两三个月以后，就看到他在头条推出专栏《郁言不止》，内容扎实，语调平缓，娓娓道来，收获无数粉丝。现在，他的头条个人大号"郁慕明郁言不止"，已经有 246 万粉丝，点赞量 1348 万，影响力巨大。

去年 10 月，我又在抖音刷到老爷子。他的第一条视频是这样说的："我是郁慕明，真正的郁慕明，今天在这里跟抖音的朋友见面。上抖音跟大家交流，祝福大家健康快乐。"以后每天一刷，刷到第三条时，他跟大家宣布："我 80 岁了！"但是，由于平台方面的原因，他的抖音号到现在都没有认证，老爷子一度非常纠结，我留言安慰他："您的脸就是认证。"

从脸书，到头条，到抖音，老爷子每天都在默默耕耘，很辛苦也很努力地发出自己的声音。在岛内的生活经历让我深深了解他的艰难和不易，也尽量帮助他发声。理想很丰满，现实很骨感，但台湾的统派背后，站着 14 亿坚定支持他们的同胞，我想，这就是支撑他们信念的最大动力。

2021 年于厦门

郁慕明：钓鱼岛危机应成两岸联手契机

日本图谋窃占中国钓鱼岛，新党有话要说。2012年9月14日，导报驻台记者来到新党中央党部，独家专访了党主席郁慕明。郁慕明表示，在钓鱼岛问题上，两岸人民必须团结一致，坚定地保卫自己的固有疆域。钓鱼岛，可以成为海峡两岸联手的契机，可以成为让中华民族走向伟大的契机。

美国想在钓鱼岛分一杯羹

导报驻台记者（以下简称"记"）：有评论认为，日本所谓将钓鱼岛收归"国有"，是在"去石原化"，您怎么看？

郁慕明（以下简称"郁"）：不管是"去石原化"还是"国有化"，日本都是在宣示"钓鱼岛是日本的领土"，这对自古以来是中国领土的钓鱼岛就是一种侵略。第二次世界大战，日本发动侵华战争，中国人民奋起抵抗。我们作为一个战胜国，必须维护我们战后应有的领土主权。但是，日本投降，台湾回归中国，琉球和钓鱼岛的行政管辖权却被割给日本。

记：在这中间，美国扮演了什么样的角色？

郁：美国扮演了一个"是非者"的角色，在中日两边讨好、两边不沾。把钓鱼岛的行政管辖权给日本，就表示它没有主权。那钓鱼岛的主权是谁的？是美国的吗？钓鱼岛之争，是周边渔场和资源的分享，美国留这一手就是为了将来能分一杯羹。

美国的立国精神，就是在全世界都要分一杯羹。中东不听他的，美国就输出战争。但东西方文化不同，中华文化不输出战争，追求和平。所以中国在处理钓鱼岛问题时，一方面需要激情，另一方面也需要智慧。智慧就是该冷静时要冷静。

记：冷静的意思是我们不需要使用武力吗？

郁：中国人是不会先动武的，但在忍无可忍时，中国人会奋勇起来。冷静就是，"该争时要争，不该争时不要争"。

记：那么，何谓"该争"与"不该争"？

郁：现在是一个全球村，很多产品是没有国界的。比如很多日本车，可能是在中国制造的，不一定是日本品牌就表示它"不好"。比如在两岸经商生活的日本人，我们不一定要把他们当敌人。我们必须集中力量，团结日本人民，去对付日本国内右翼势力的抬头，大家一起去孤立右翼势力。

但大家去砸日本车，打日本人，就有可能让他投向右翼势力。所以，我们要拿捏分寸，把这样的一股民气让日本人民读懂，而不是刺激他们与右翼势力去结合。

我们绝不要让人感觉，我们是一种冲动型、破坏型的反应，而是人民支持政府，政府充满智慧，政府和人民形成合力。这时展现出来的力量，不就比那种纯粹的破坏更有力吗？我相信大陆有很多政治、经济措施可以恩威并济。

台湾内部不团结就不会受到尊重

记：钓鱼岛问题在台湾内部同样引起人民的愤慨，您认为台湾要怎么处理？

郁：对台湾来说，我们第一步要做的，就是团结一致。台湾把意识形态作为一个对外的基础，这是很不对的。怪不得日本人派了外务省的官员到大陆说明事件，可是有回应台湾吗？台湾被人家看不起嘛！像李登辉，受过"皇民化"教育，没有尊严地说"钓鱼岛是日本的"。自己扯自己人的后腿！民进党只会骂马英九没有政策，可是李登辉呢？为什么民进党没人敢说他，就只会欺负马英九？

记：台湾当局对于保钓，还是付诸了行动。

郁：对啊，马英九至少说了"寸土不让""搁置争议"。可是民进党只会批评，有拿出办法吗？所以从台湾最近发生的事件来评论台湾的政党，我们新党主张明确，没有耍政治语言，没有摇摆。

记：是的，您之前就很明确地表达了立场。

郁：我们很早就明确表达了"五大立场"，其中之一就是把钓鱼岛作为军用靶场。有人想了半天骂我说，做靶场不是把鱼都打死了吗？我们是打山头，再说了，我说作为靶场也不一定要打啊。咱们坐下来谈就可以"搁置争议"了嘛。

两岸联手是中华民族伟大之本

记：在钓鱼岛问题上，最近台湾有一些声音说要"照顾美国人的感受"。您怎么认为？

郁：既然这样想，为什么"美牛"的时候，这些人跳出来反对？

记：那么，您认为台湾在对美、对日，以及与大陆的关系上，要怎么处理？

郁：两大之间难为小。美日有联合军演，两岸难道不行吗？两岸可以各自宣布，把钓鱼岛作为军用靶场，我们要一起来保卫我们的领土。这是一种表态，懂得政治语言的，就知道"不要再碰了"，大家坐到谈判桌上来谈。如果你们不听，今天台湾把钓鱼岛做靶场，明天大陆也宣布把钓鱼岛做靶场，一个月后大家一起来联合军演。

记：可是，台湾在与美国的交往中，扮演的一直是很"屈辱"的角色。我认识的一个台湾记者说，台湾是在给老美当看门狗，还是自带盒饭（指对美军购）的那一种。

郁：所以我一直反对台湾向美国买武器。我们不要武器，台湾每个人都应该快快乐乐生活。如果有人欺负我们，我们还有大陆。现在，美国人最怕的是两岸团结。因为大陆把台湾问题解决后，就可以真正崛起，追求伟大，而不是强大，迈向一个真正伟大的中华民族。钓鱼岛危机是两岸联手的一个契机。

2012 年 9 月 14 日发表于《海峡导报》

王炳忠：亦庄亦谐"守夜人"

在美剧《权力的游戏》中，有这样一群"守夜人"：他们放弃达官贵人的身份，放弃婚姻，自愿来塞外长城，忍受严寒和清苦的生活，成为一名守夜人，与异鬼作战，护城内民众安全。这样的性格，在王炳忠身上可见一斑。有时候，我更愿意称他为苦行者，一个很典型的台南人。

闽南语流利，却偏偏喜欢"国语"

有很多台湾人不喜欢王炳忠，他们说，不喜欢他一口字正腔圆的"国语"。我说，这就是你们不懂他了，他其实闽南话讲得比谁都流利，因为他是南部的小孩，真正的"泥土"和草根哦。他们说："这个我们不知道耶！"我说，私下他还很喜欢开玩笑，学周玉寇学得非常像哦。这下轮到这堆台湾人傻眼了："真的是这样吗？"

于是我去问炳忠："你一个台南的小孩，跟谁学的这一口国语？"

他说："我专门去上过国语班……还很喜欢穿中山装。"

我继续深挖："是受了谁的影响吗？"

他说，是李敖李大师，从小看李敖的节目，让他坚定地认为，自己是一个中国人，因此立志要做一个堂堂正正的中国人。

当然，为了要当"堂堂正正的中国人"这件事，他从小没少看白眼，甚至经常被同学孤立。但他就是天生有点"轴"的那种人——既然你们想看笑话，那我就偏偏要做出个样子来。大家的嘲笑反而坚定了他的决心，"走自己的路，让别人说去"。

父亲告诉他，咱们台湾人就是要硬气

台湾的气氛是，你可以讲"独"，但不能讲统，讲统人家就会认为你是"怪咖"。所以，统派在台湾被称为"沉默的大多数"。为什么沉默？因为一发表观点就会被霸凌。但王炳忠不是这样，不服来辩论啊，看谁能说服谁。

这点很有台南人的"味儿"，天生的不服输，你要跟我对着干，我就跟你对着干到底。

父亲王进步教他："别人用三字经骂你，你就用五字经骂回去，对'台独'不要服软，要跟他们硬到底。"王进步是台南的庙祝，成天跟南部乡亲混在一起，懂得南部人的性格，也有着南部人的倔强。

这点跟我们闽南人就很像了，是非黑白讲究一个"输人不输阵"（闽南俚语，意为场面上不能输），面子上要顾到，人情上要给到，场面要漂亮。这是闽南人特有的泥土性，一旦认了你，就会讲义气，讲人情；如果他不认你，讲什么都没有用。

有一次，我在台南遇到一个出租车司机，那个司机一听说我是大陆人，就说："你们'阿共'赶紧打过来，把台湾收回去。"
我大为惊讶："为什么？"

"一天到晚看那些政治人物在台上骗来骗去，把台湾搞成这样，很烦哪！"

加入新党，为理想而战

在大学时代，王炳忠就加入新党，成为党工。很幸运的是，他遇到了赏识他的郁老爷子，后者组了"新党三杰"，提携他们，带着他们奔走两岸。

到大陆来，成了炳忠最放松的时候，他会在吃饭时突然唱起新党的党歌《大地一声雷》，也会绘声绘色地模仿周玉蔻："我们是媒体人……"

2018 年 4 月 28 日，炳忠来到导报，为合作的一档新闻脱口秀《蔡后驾到》协调工作，其间，我还帮他拍了一组短视频放到我的抖音号上。

仿佛是个不祥的预兆。隔天炳忠回台后，就发生了"查水表事件"，很快他就被限制出境。三年前那个日子，也是我们当面交流的最后一次。后来虽然他没跟我抱怨过，但我知道这三年他过得不容易，被泼了一身污水，虽然最后的判决还了他清白，但三年的压力，人身不自由的苦闷，世人异样的目光，非常人可以忍受。

2022 年，炳忠的"共谍案"被宣判无罪，他也得以正常往来两岸。宣判那一天，我看到同案的林明正在法庭外接受媒体采访时哽咽了。明正是"学者"类型的人，也是两个孩子的爸爸，很顾家顾太太，做党工本来就收入少，还要忍受不明不白的冤屈，连累家人，我想他心里肯定不好受。

政治的路不好走，尤其在台湾，在当下，夜黑风高，雨骤浪急。看着岛内的意识形态纷争，看着"台独"如跳梁小丑般表演，"黎明前的黑暗"感十分强烈。我常常对炳忠他们说，不要忘记，祖国大陆 14 亿人是你们的坚强后盾。

我甚至游说炳忠："回大陆发展吧，省得在岛内受那些莫须有的指控。"他却很坚定："我要回去跟他们战斗！"他说，只有在岛内，才能更好地与"台独"斗争，至死不渝。

2022 年 9 月完稿于厦门

一群孤儿，一个"骑迹"

正值炎夏，23名来自台湾云林的孤儿，在大陆骑行3200公里，从北京到厦门……他们做到了！他们当中，最小的只有8岁！

2012年7月到8月，这23名单车天使完成的"京彩骑迹"，轰动了祖国大陆。厦门卫视全程跟拍，一些媒体派出记者随访，来自全国各地的义工纷纷加入骑行大军……

而我，是大陆记者中第一个在微博上响应这次行动的。所以，7月初，我到台湾，第一件事就是赶到云林采访，去看望这群即将远行的小家伙。

"阿姨，我也要拍照"

信义育幼院在云林西螺，一个他们自己口中的"乡下地方"。

早上八点，我坐台湾日统客运的大巴车，从台北颠簸三个小时来到西螺。下车的地方是一条公路边，不一会儿，育幼院的车就找来了："是林小姐吗？我们等你很久了！"开车的职员是一位20岁出头的姑娘，个子不高，却把一辆中巴车开得飞快。几分钟之后，我就站在育幼院的大院子里了。

正是吃饭时间，孩子们都在食堂。院子里很安静，也很整洁。我打量了一下，这院子有 100 多平方米，三面环建着三层小楼。左手边的一楼，建成一座原木质的儿童游乐场，上面写着"信义天使家园"。

游乐场的阴影里，站着一个牙牙学语的小女孩，正和志工在逗弄着两只小狗。可以想象，平日里孩子们在这里爬栈道，打秋千，一定欢乐无比。这里的育幼院一年四季大门洞开，用院长吴文辉的话说："要给孩子们创造一个开放的环境，因为他们终归要融入社会。"

我顺着敞开的大门直入厨房，一阵喧嚣扑面而来："阿姨好！阿姨好！"正在用餐的孩子们热情地叫了起来。有的已经是高中生，有的还是七八岁的小豆芽菜。

"阿姨，我也要拍照！"看到我脖子上挂着的相机，几个较小的孩子笑闹着凑到镜头前，摆出"V"的手势让我拍照。我注意到，有一对大眼睛的姐妹花，像阿美人，皮肤黝黑，骨骼分明。我拉她们入镜，姐姐大方地扑闪着长睫毛的大眼睛笑了，妹妹却有些害羞，躲到姐姐背后，伸出两只小小的手表明自己的存在。

"8 岁的小盛也要去北京"

午餐是杂粮饭，配菜有酱油蘸豆腐、腐竹炒肉、咸焖笋干、清炒空心菜、炒长豆、豆干烧肉，汤是清热消暑的冬瓜汤和肉丸汤。

志工阿姨给了我一个碗和一双筷子，我打上饭和菜，跟孩子们一起吃了起来。一边吃，一边和院长聊天。

院长告诉我，院里有43个孩子。从2007年开始，他们就组织孩子单车环岛骑行，到今年已经是第六年了。他希望孩子们在骑行的过程中，学会吃苦耐劳、坚忍和执着，也希望借着单车运动带孩子们走出去，看看外面广阔的世界。

然而，无心插柳之举，却意外收获颇多。"即使有的身高不到一百厘米，西螺信义育幼院院童还是要挑战单车环岛。"2007年暑假的成功环岛，引起了媒体的关注，孩子们被冠以"单车天使"的名号。此后几年，骑行的路程不断改变，难度也在加大，但孩子们不放弃不认输，不但在骑行的过程中挑战各种纪录，还为育幼院募到了款，改善了自己的生活。

在他们的"荣誉室"里，我看到了整整一屋子的奖杯、奖状，还有各种挑战纪录的证书，因为孩子们除了单车环岛外，也尝试过挑战台湾第一高峰玉山，还有的孩子有跳舞、武术、柔道等特长。

"他，8岁的小盛，他也要去北京。"聊天的当儿，一个黑黑的精瘦的孩子凑到我跟前。院长说，他叫黄小盛，只有8岁，是参加今年"京彩骑迹"年龄最小的孩子。

而那一对美丽的阿美人姐妹花，也是赴京挑战3200公里的成员。

突然，我觉得，在这群孩子身上，没有什么奇迹不能发生。

"生命有自己的决定权"

饭后，孩子们去午休，我则来到院长室，翻看这几年的媒体报道和各种奖状。

"每一个来到这里的孩子，都是折翼的天使；每一个孩子背后，都有一个悲惨的故事。"来到育幼院的孩子，有的父母双亡，有的饱受家暴，还有的家庭出了问题导致孩子被收养。在吴文辉看来，失去了双亲保护的他们，前面的路比别的孩子要辛苦，所以才要培养他们的耐受力。

每一次环岛，吴院长都亲自带队。他们骑过苏花公路，骑过路面沉陷的合欢山，也在大风大雨中日夜兼程。最"疯狂"的一次是五天环岛，路上几乎没有休息。然而，孩子们都默默地承受下来，在他们的意识里，被叫上休旅车"收容"，是一件十分丢脸的事，"甚至我们拜托他们上车，都会被拒绝"。执着、不放弃，是单车天使的团队精神。

在信义育幼院，每一个孩子的意志都会被尊重，像这次赴京骑行，就是孩子们自己决定的，只有经过孩子的同意，院方才会去帮他们办赴京手续。最后，定下 23 个孩子赴京，16 个男孩，7 个女孩。

"生命有自己的决定权。"在信义育幼院，你可以处处体会到这种理念：孩子的抽屉上不上锁，自己决定；8 人一间的小空间，怎么布置，自己决定；就连成批置换电脑、募捐单车这样的大事，也是由全部孩子投票决定。

"教会他们不要手心向上"

信义育幼院创办于 1979 年，是一家私立育幼院，孩子们的所有经费，都要自己想办法去募集。

"我们家孩子"，这是育幼院的职工对孩子们的称呼。孩子们的寝室门上，挂着的是"陈港家""三文家"这样的牌子，这是孩子的名字吗？志工告诉我，每一个牌子的名字背后，都是一个对该院有很大贡献的人，院方希望孩子们学会感恩。

除了学会感谢帮助过自己的人，院方更注重教会孩子"给予"："一个人，如果老是手心向上要求施舍，跟一个废人有什么区别？"所以，当孩子们提出要参加公益活动时，院方会全力支持。2008 年汶川地震，孩子们自发捐出零用钱三万六千元（新台币，下同）；2009 年"八八"水灾，他们又捐出十万元，以及省下的零食、蛋糕和水，一并骑着单车送到灾区。一些高中的孩子，甚至来到南部灾区当志工，帮助挖土排淤。

在孩子们的寝室，我看到每个孩子都拥有一个双层床的空间，下面是书桌、衣橱，上面是卧室，所有的衣物他们都自己收拾分类摆放。每个孩子都把自己打理得干干净净。女生的寝室里放满毛绒公仔，贴着偶像的照片，还有一股淡淡的幽香；男生寝室有他们"臭美"的放大写真照，还有各种运动器械。衣服自己洗，东西自己保管，弄丢了也不会有大人帮你找。"我们必须培养他们学会自立，学会对自己负责。"院长说，这些孩子的生命过程中，需要适应不断变化的环境，所以自理能力很重要，也是最基本的人生课程。

"对一般能有亲人百般呵护照顾下的生命而言，这一群可能注定要在生命中不断流浪的孩子，他所承受难过度与焕发的创造力，无法用简略的陈述形容，唯有用'生命奇迹'代表之。"采访结束，吴院长用这一句话概括了他 20 年的育幼院任职生涯。

2012 年 6 月 8 日发表于《海峡导报》